北京翻译

BEIJING JOURNAL OF TRANSLATORS

主　　编　张文　侯宇翔
执行主编　姜钰

第1卷　第1期

中国出版集团
中译出版社

图书在版编目(CIP)数据

北京翻译. 第1卷. 1期 / 张文，侯宇翔主编；姜钰执行主编. -- 北京：中译出版社，2023.4
ISBN 978-7-5001-7359-5

Ⅰ.①北… Ⅱ.①张… ②侯… ③姜… Ⅲ.①翻译—研究—北京 Ⅳ.①H059

中国版本图书馆CIP数据核字（2022）第041350号

出版发行 / 中译出版社
地　　址 / 北京市西城区新街口外大街28号普天德胜大厦主楼4层
电　　话 / (010) 68359827，68359303（发行部）；68359725（编辑部）
邮　　编 / 100044
传　　真 / (010) 68357870
电子邮箱 / book@ctph.com.cn
网　　址 / http://www.ctph.com.cn

出 版 人 / 乔卫兵
总 策 划 / 刘永淳
策划编辑 / 范祥镇　钱屹芝
责任编辑 / 钱屹芝
营销编辑 / 吴雪峰　董思嫄

排　　版 / 冯　兴
封面设计 / 潘　峰
印　　刷 / 北京玺诚印务有限公司
经　　销 / 新华书店

规　　格 / 710毫米×1000毫米　1/16
印　　张 / 13
字　　数 / 193千字
版　　次 / 2023年4月第1版
印　　次 / 2023年4月第1次

ISBN 978-7-5001-7359-5　　定价：59.00元

版权所有　侵权必究
中 译 出 版 社

《北京翻译》编委会

主　　任：张　文
副 主 任：高明乐　张晓丹　侯宇翔

委员（以姓氏首字母拼音排序）

常小玲（外语教学与研究出版社）　　　郭英剑（中国人民大学）
何恩培（传神语联网网络科技股份有限公司）　贾巍巍（华语教学出版社）
姜　钰（北京第二外国语学院）　　　　梁茂成（北京航空航天大学）
刘和平（北京语言大学）　　　　　　　刘文飞（首都师范大学）
任　文（北京外国语大学）　　　　　　徐宝锋（北京语言大学）
杨　玲（北京第二外国语学院）　　　　张　颖（北京第二外国语学院）

《北京翻译》编辑部

主　　任：姜　钰
副 主 任：王勇斌

学术编辑（以姓氏首字母拼音排序）
廖家欣　马　倩　吴東霖　朱佳慧

封面题字
陈秀元

《北京翻译》是北京市社会科学联合会、北京市哲学社会科学规划办公室社会组织资助项目成果及北京第二外国语学院专项科研经费支持成果。

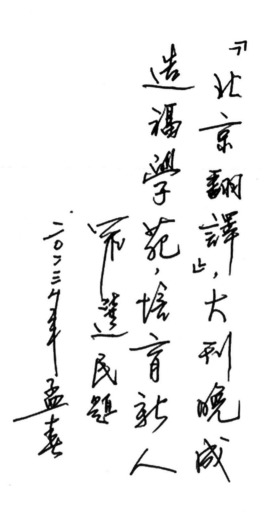

广西大学外国语学院院长
《亚太跨学科翻译研究》主编
罗选民

祝愿《北京翻译》守正创新,后来居上,成为译界学子开展翻译学术交流的壮阔平台和园地。

当代中国与世界研究院党委书记
中国翻译协会常务理事、《中国翻译》主编

于盛世创刊，自中华文化发祥地，《北京翻译》促古今承继，谨记初心，不变真情忠与正；

为名家驰誉，成大众精神培育园，《上海翻译》增友刊交流，每随雅士，屡肩使命壮而强。

敬贺《北京翻译》创刊。

《上海翻译》主编

傅敬民

祝誕生於兔年的「北京翻譯」

動如脫兔回蹄生風
始於首都名傳西東

任文題賀
二零二三年四月十一日

北京外国语大学高级翻译学院院长
Interpreting and Society: An Interdisciplinary Journal 主编
任文

四月的北京，草长莺飞，春意盎然，《北京翻译》诞生于充满生机的季节，可谓应时而生；半年前，习近平总书记在党的二十大报告中强调"推动中华文化更好走向世界"，《北京翻译》创刊于民族复兴的历史节点，可谓适逢其时。北京作为首善之区，既是一座高校云集、人文荟萃的国际化大城市，也是中华人民共和国首都、全国的政治文化中心，《北京翻译》自然也就承载了双重任务：一是服务北京，二是辐射全国。《北京翻译》起点高、站位高、标准高，相信学刊一定不辱使命，为宣传北京城市形象，讲好中国故事，传播好中国声音做出应有的贡献；为建构中国翻译话语体系起到重要的学术引领作用。

北京语言大学外国语学部主任

《翻译与传播》主编

植根翻译实践，追踪理论前沿，开创翻译研究新天地！
——热烈祝贺《北京翻译》创刊！

《北京第二外国语学院学报》编辑部全体同仁
执行主编 周长银

热烈祝贺《北京翻译》创刊！愿它茁壮生长，沟通中外，连接翻译理论与实践，传播知识与智慧。

《翻译界》主编

卷首语

习近平总书记在党的二十大报告中指出:"增强中华文明传播力影响力。坚守中华文化立场,提炼展示中华文明的精神标识和文化精髓,加快构建中国话语和中国叙事体系,讲好中国故事、传播好中国声音,展现可信、可爱、可敬的中国形象。"当前,立足中国,放眼世界,要讲好中国故事、传播好中国声音,既要充分认识翻译在加快构建中国话语体系和中国叙事体系、提升国际传播能力方面的基础作用,也要充分发挥翻译在促进中华文明和世界多元文明的交流融通、互学互鉴方面的纽带作用。因此,我国翻译事业也从"翻译世界"走向"翻译中国"、由"翻译大国"迈向"翻译强国"。《北京翻译》正是在这一背景下创刊。

《北京翻译》由北京市翻译协会主办。作为北京市翻译协会会刊,《北京翻译》将致力于探讨翻译研究、翻译行业与翻译实践等发展前沿,为广大翻译研究者和从业者搭建学术交流平台,贡献更具思想性、引领性和前瞻性的高质量研究成果。

《北京翻译》的创刊与出版离不开北京市社会科学联合会和北京第二外国语学院的大力支持。作为北京市翻译协会的业务主管单位,北京市社会科学联合会对协会工作给予了细致指导。《北京翻译》成功获批2022年北京市社会科学联合会、北京市哲学社会科学规划办公室的出版资助立项。北京第二外国语学院作为北京市翻译协会主办单位,为此刊的出版提供了坚实保障。此外,本刊的创办离不开北京市翻译协会会员们以及北京及全国翻译界同人的支持,我们在此一并表示感谢。

《北京翻译》将以繁荣和发展翻译事业,促进翻译行业健康发展为宗旨,以促进翻译理论创新、开拓翻译行业视野、交流翻译实践经验为使命，积极关注翻译行业前沿动态，探讨翻译热点问题，鼓励翻译理论创新，力争为读者提供最前沿的学术研究成果，竭诚为广大翻译研究者与从业者服务；同时突出包容性的办刊特色，使理论研究、行业研究和实践研究都能在这里找到一方之地，互相交流切磋，百家争鸣，百花齐放。

千里之行，始于足下。让我们携手并进，不断提升《北京翻译》办刊质量，共同见证翻译事业的繁荣与兴旺！

张　文　北京市翻译协会会长、《北京翻译》主编
侯宇翔　北京市翻译协会秘书长、《北京翻译》主编
2023 年 4 月

目 录

特稿

促进翻译行业发展　培养翻译专业人才
助力我国国际传播事业高质量发展
....杜占元 2
认真翻译北京，努力传播好中国
....黄友义 12

翻译研究

世界主义、世界文学与文化民族主义：论施莱尔马赫的"异质"
翻译观及其来源
....蒋　童　王宗汉 20
再论德国功能翻译理论：溯源与正名
....冯小冰 34
国际口译研究进展报告（2015—2020）
——基于 CiteSpace 的文献计量分析
....戴嘉佳　路　玮 48

翻译实践

远程同传在北京 2022 冬奥会中的应用
................................孙曙光　齐涛云　梅建军 72
以译文应用语境为导向的翻译策略选择
——以北京外事翻译为例................袁方媛 88
论"瑕疵"和"缺陷"的英译
——基于比较法视角................袁振华　刘加芬 103

翻译教育

翻译学习者问题类型质化探析
................................孙三军　陈钇均 118
基于《全国总书目》（1949—2001）的翻译教材与翻译政策相关性研究
................................陈晓璐　文　军 136

翻译行业

京津冀语言服务竞争力评价与分析
................................王立非　栗洁歆 158
语言服务产业价值链分析与启示
................................崔启亮　雷翰霖 176

特稿

促进翻译行业发展　培养翻译专业人才
助力我国国际传播事业高质量发展

杜占元[①]

(中国外文出版发行事业局／中国翻译协会)

翻译是促进人类文明沟通交流的重要工作。面对世界百年未有之大变局以及我国翻译事业从"翻译世界"走向"翻译中国"、由"翻译大国"迈向"翻译强国"的历史性转变，翻译协会应如何发挥好整合行业资源、促进行业发展的作用？如何培养翻译专业人才以满足新时代背景下的翻译需求？翻译应当怎样助力讲好中国故事、传播好中国声音？带着这些问题，北京市翻译协会专访了中国外文出版发行事业局局长、中国翻译协会会长杜占元先生。现将访谈整理如下，供广大翻译从业者与研究者参考。

北京市翻译协会（以下简称"北京译协"）：您能否简要介绍一下中国翻译协会的情况以及协会是如何在翻译界发挥引领作用的？

杜占元（以下简称"杜"）：中国翻译协会成立于1982年，是我国翻译领域唯一的全国性社会团体。目前，中国译协共有单位会员1 616个、

[①] 杜占元，中国外文出版发行事业局局长、中国翻译协会会长。

个人会员8 126人，下设民族语文翻译、文学艺术翻译、社会科学翻译、翻译理论与翻译教学、翻译服务等16个专业委员会。中国译协以服务国家、服务社会、服务行业、服务会员为根本宗旨，以联接中外、沟通世界为根本职责，聚焦促进翻译队伍建设、更好打造翻译基础设施、推进技术赋能的发展理念，着眼促进重大翻译项目组织实施、促进翻译基础设施完善等发展目标，在服务党和国家对外工作大局中发挥着积极作用。

中国译协自成立以来，为促进行业交流和发展，举办了一系列翻译行业和学术交流活动，围绕翻译人才培训、翻译咨询服务等开展了一系列社会公益活动。大家熟知的有创办于1986年的"韩素音国际翻译大赛"、创办于1997年的"全国高等院校翻译专业师资培训"以及创办于2010年的"全国口译大赛"等。自2001年开始，中国译协先后评选表彰"翻译文化终身成就奖""资深翻译家""翻译中国外籍翻译家"等，鼓励广大翻译工作者为繁荣我国翻译事业作出更大贡献。中国译协每年举办的年会已成为中国翻译界的盛会，为广大翻译界同人搭建了探索行业发展前景、交流学术思想、开拓市场和建立人脉的有效平台。中国译协还积极参与行业管理，推动和引导翻译行业国家标准的制定和实施，主导制定28部国家标准、团体标准和行业规范；积极推动国际翻译界的交流合作，于1987年正式加入国际翻译家联盟，并于1995年发起亚太翻译论坛，至今已成功举办十届，在参与和引导国际翻译事务中发挥了重要作用。

北京译协：中国翻译协会在承担国家重大翻译任务和打造翻译国家队方面有哪些举措？未来还有哪些计划？

杜：近年来，中国译协将加强国家翻译能力建设作为新时代中国翻译事业发展的重点方向和中国译协工作的主线。国家翻译能力是一个国家在翻译领域的整体能力的集中体现，是通过翻译行为建构对外话语、开展文化传播、塑造国家形象的综合能力。国家翻译能力涵盖了翻译人才队伍建设、对外话语体系构建、重点语种建设布局、翻译技术研发和应用、重大翻译项目组织协调、翻译行业管理与服务等各领域，涵盖了政府、市场和行业等各方面，它是国家语言能力的重要体现，是文化软实力和国际传播能力的重要组成，是发挥大国作用、提升国际话语权的重要保障。

承担国家重大翻译任务和打造翻译国家队都是加强国家翻译能力建设的重要内容。中国译协围绕更好地承担国家重大翻译任务推出了一系列行之有效的举措，主要有：一是开展核心话语外译规范研究，不断完善多方参与的研讨会商机制，及时发布重要术语外译参考并推动业界广泛使用。二是成立重大翻译工作审评专家委员会，为组织落实重大翻译任务、研究制定翻译工作规划、研判审定最新重要术语规范译法、打造高端翻译人才队伍提供专业机制保障。三是积极推动中国语言服务行业标准化建设，完善行业标准体系，发布中国语言服务行业发展报告和国家及社会团体行业标准、行业规范等，推动中国翻译及语言服务行业更加成熟、更加专业。

中国译协还通过组织实施国家重大翻译任务，推动翻译人才服务国家总体对外战略，全力打造翻译国家队。一是参与制定翻译人才队伍建设规划，协助相关部委加强翻译人才队伍建设顶层设计。二是持续推进全国高等院校翻译专业师资培训品牌建设，创新开展多语种时政、文化等高端应用型翻译人才研修活动，创新举办国际性奖赛活动和表彰活动，进一步推动政产学研融合发展。三是依托全国翻译专业资格（水平）考试，积极推进对翻译人才能力水平的评价与认定工作，初步建立起国家翻译人才评价体系。

2023年是全面贯彻落实党的二十大精神的开局之年，中国译协将坚持以习近平新时代中国特色社会主义思想为指导，全面贯彻落实党的二十大精神，继续发挥行业引领作用，全力开展习近平新时代中国特色社会主义思想对外译介，加快构建中国话语和中国叙事体系，加强国家翻译能力建设，打造高素质翻译人才队伍，努力扩大中国译协和整个中国翻译行业的国际影响力，积极推动新技术在翻译领域的应用，持续提高翻译理论研究和学术交流水平，全面引领语言服务产业高质量发展，为提高我国国际话语权、增强中华文明传播力影响力作出新的贡献。

北京译协：您对北京市翻译协会有什么期待？您认为北京市翻译协会应该如何参与服务国家重大战略和首都经济社会发展？

杜：北京市翻译协会作为地处首都的区域性翻译界社会团体，近年来立足协会自身的战略布局，在推动翻译行业服务首都发展和会员需求方面取得了明显成效。特别是北京市翻译协会成立了由12名来自国家和北京市翻译行业知名专家学者组成的专家委员会，为服务北京国际交往中心建设和北京市翻译行业健康发展提供了重要支持；积极加强同中国外文局翻译院、北京第二外国语学院和北京市外办等单位的合作，联合举办高端论坛和讲座，申报北京市社会科学联合会和北京市哲学社会科学规划办公室项目，创办《北京翻译》等，这些创新性的做法，都对凝聚首都翻译界力量、提升协会建设水平发挥了重要作用。

北京是翻译和语言服务人才聚集的地区，北京译协在会员规模、行业资源方面都有很大潜力，希望北京译协在保持当前良好发展势头的基础上，重点开展好以下几方面工作：

一是持续围绕党和国家工作大局，发挥好北京作为中国政治中心、文化中心、国际交往中心、科技创新中心的区位优势，汇聚翻译行业和国内外资源，着力强化在翻译大背景下讲好中国故事，推进中国声音的全球化表达、区域化表达、分众化表达，增强国际传播的亲和力和实效性。

二是努力创新服务手段，充分发挥行业组织功能，建立健全与各地译协的沟通联络机制，积极拓展合作路径，用好行业资源打造国家重大战略服务平台，助力首都经济稳步前行。

三是多渠道汇聚高质量人才，打造高水平翻译人才队伍，推动建立以高端中译外翻译人才为核心的人才培养机制，发掘和汇聚更多的翻译学者、翻译家。

同时，希望北京译协与中国译协进一步加强交流合作，共同汇聚翻译力量，形成不断提升国家翻译能力的合力，为服务国家重大战略和首都经济社会发展贡献智慧。

北京译协：在当前中国深化对外开放、与世界交往日益紧密的新形势下，您如何看待中国翻译及语言服务行业的发展趋势？

杜：中国译协一直高度重视对中国翻译及语言服务行业发展的研究，从2012年起组织实施行业调查，科学分析研判翻译及语言服务行业的现状、特征、问题、趋势等。2022年，中国译协发布《2022中国翻译及语言服务行业发展报告》，以服务国家大局为总体方向，以实现翻译及语言服务业繁荣发展为目标，重点分析了中国翻译及语言服务行业的新发展和新成就。总的来看，当前中国翻译及语言服务行业发展主要有以下几个方面的特点：

一是翻译及语言服务行业产值稳步上升。目前，中国含有语言服务业务的企业有581 913家，以语言服务为主营业务的企业有10 592家，大部分集中在北京、上海、广东，语言服务企业总产值达到613.97亿元，年均增长率为10.7%。

二是翻译业务需求凸显多元化。涉及"一带一路"沿线国家的翻译业务量显著增长，常用语种业务占比逐年下降，阿拉伯语、俄语、德语、英语和白俄罗斯语成为市场最急需的5个语种；翻译业务涉及的专业领域由化工制造类逐渐转变为教育科技类，教育培训、信息与通信技术、知识产权是最主要的3个翻译服务领域。

三是人工智能技术在翻译行业发挥出更大作用。机器翻译在行业的应用越来越广泛。"机器翻译+译后编辑"的服务模式，具有提高翻译效率、改善翻译质量和降低翻译成本等优势，得到市场普遍认同。准确认识和把握行业的新趋势新变化，将为中国译协和各地译协等机构更好地推动翻译行业发展提供重要参考。

北京译协： 您认为中国翻译界同人在促进我国翻译行业国际交流方面应有哪些作为？

杜： 习近平总书记在多个场合指出，语言文字的交流是文化交流的重要组成。中国翻译界同人应充分认识到自身所肩负的"向世界说明中国"的时代责任和历史使命，努力发挥翻译沟通中外、连接世界的桥梁作用，打通对外翻译在国际传播的最后一公里。

首先，要深刻把握翻译对于构建和传播中国形象的重要意义。主动向世界阐释推介具有中国特色、体现中国精神、蕴藏中国智慧的优秀文化，通过增强国家翻译能力，深化中外文明交流互鉴，推动中华文化走向世界。

其次，要尊重文化差异，主动吸收和借鉴人类文明的优秀成果。在正确把握中华文化的基础上，推动中国式现代化建设跨越语言和文化鸿沟，加强多层次文明的交流对话、互学互鉴，为构建人类命运共同体作出更大贡献。

最后，要探索创新方式，不断提升文化交流和人际传播的水平。国际交流归根到底是人与人之间的交流，广大翻译界同人应积极开展国际交流合作，不断拓展翻译界的国际"朋友圈"，通过形式多样的业务交流，鼓励并培养熟悉中国文化的外国译者，夯实翻译领域国际交流的人文土壤，推动中国与世界在更广领域、更深层次的开放交融。

北京译协：翻译技术发展日新月异，您认为飞速发展的翻译技术给行业带来哪些机遇和挑战？如何应对这些机遇与挑战？

杜： 近来，人工智能技术驱动的自然语言处理工具 ChatGPT 成为热点话题，受到社会各界广泛关注，其强大的交互能力预计将加速智能时代的到来，也将提高翻译工作者的效率，进而促进翻译及语言服务业的创新发展。当前，以人工智能为引领的新一轮科技革命和产业变革正在加速推进，大数据、云计算等新技术的迭代发展，深刻改变了国际传播的舆论生态、媒体格局、传播方式，为翻译事业发展开辟了新领域，带来了新机遇。同时，翻译技术的飞速发展极大地改变了翻译行业的工作方式和翻译工作者的能力结构。正确把握人工智能等新技术带来的新机遇新挑战，丰富对外翻译手段，加强国际传播能力建设，是事关国家发展的重大战略任务。2022 年 9 月，在中国译协的支持下，中国外文局与鹏城实验室共同主办人工智能与国际传播高峰论坛、共同建设智能翻译实验室，积极探索新技术赋能国际传播。翻译行业应充分集结跨领域的资源力量，推动国际传播能力建设和人工智能发展协同共进、实现新的突破。我认为可以重点做好以下几个方面工作：

一是聚焦战略引领。积极探索和推进人工智能、大数据、虚拟现实等技术在领导人著作翻译出版、习近平新时代中国特色社会主义思想对外宣介中的应用，多维度、真实全面地增进国际社会对中国特色社会主义道路、理论、制度、文化的理解和认同。

二是强化技术创新。进一步提升机器翻译引擎建设能力，完善计算机辅助翻译工作流程，探索建立机器翻译质量检查机制，推动翻译工作向数字化、智能化的更高水平迈进。

三是加快融合发展。在翻译业务、人文交流等领域不断探索人工智能应用的新路径，推动人与技术、媒介资源、生产要素的有效整合，搭建国际传播、技术应用、翻译实践等领域的专家学者合作交流的平台，不断探索国际传播工作的新业态和新方法。

四是深化跨界合作。推动高校、科研机构、企业等在翻译行业基础设施建设领域的合作，运用新技术手段，优化翻译工作流程，强化翻译业务管理，在人工智能辅助翻译系统等翻译技术平台建设上实现新突破。

北京译协：习近平总书记在2022年8月给中国外文局所属外文出版社外国专家的重要回信中指出："用融通中外的语言、优秀的翻译作品讲好中国故事，引导更多外国读者读懂中国，为促进中国和世界各国交流沟通、推动构建人类命运共同体作出新贡献。"您认为在讲好中国故事、传播好中国声音方面，翻译可发挥什么作用？

杜： 2022年8月，习近平总书记给中国外文局所属外文出版社外国专家的重要回信，明确了翻译事业发展在服务中外文明交流和国际传播中的基础性作用，为新时代我国国际传播能力建设提供了根本遵循，也对国家翻译能力建设提出新的目标要求。

翻译是促进人类文明交流的重要工作，新时代的翻译工作在服务国家发展、传播中华文明、促进中外交流和文明互鉴中都理应发挥着更重要的作用，主要体现在以下方面：

一是在服务民族复兴方面发挥战略支撑作用。当前，我国翻译事业正在经历由"翻译世界"向"翻译中国"的历史性转变。翻译工作要立足中华民族伟大复兴的战略全局和世界百年未有之大变局，从近代以来翻译服务国家发展的历程中汲取奋进力量，增强国家翻译能力建设，推动中国与世界在更广领域、更深层次的开放交融、互联互通，为建设社会主义文化强国积极贡献力量。

二是在构建中国特色战略传播体系方面发挥基础性作用。随着中国综合国力和国际影响力的不断增强，翻译在话语转化和国际传播中的作用也更加突出。要以融通中外为取向，构建中国话语和中国叙事体系，占领话语权建设制高点，掌握国际话语主动权，努力塑造可信、可爱、可敬的中国形象。

三是在沟通中外、连接世界方面发挥积极的桥梁作用。翻译能够促进不同文明交流融通、互学互鉴、和谐共生。要坚持包容并蓄，向世界阐释推介具有中国特色、体现中国精神、蕴藏中国智慧的优秀文化，广泛吸收和借鉴人类文明的优秀成果，积极推动中华文化走向世界、厚植构建人类命运共同体的文化底蕴。

北京译协：在二十大报告中，习近平总书记明确提出："加强国际传播能力建设，全面提升国际传播效能，形成同我国综合国力和国际地位相匹配的国际话语权。"您认为怎样才能更好地推动翻译事业发展、助力国际传播？

杜：对翻译行业来讲，贯彻落实党的二十大精神和习近平总书记重要回信精神，最重要的就是要加快建设同我国综合实力和国际地位相匹配的国家翻译能力，在新征程上推动翻译事业高质量发展，这是一项日益紧迫的战略任务。当前，需要在以下几方面下工夫：

一是全力开展习近平新时代中国特色社会主义思想对外译介。对外译介好习近平新时代中国特色社会主义思想，打造融通中外的新概念、新范畴、新表述，更加充分、更加鲜明地展现中国故事及其背后的思想力量和精神力量。

二是围绕增强国家翻译能力进行顶层设计和系统规划。针对服务"一带一路"建设、中华文化走出去等国家战略需求加强顶层设计，规范翻译术语译法、完善发布流程，探索建立翻译质量检查机制，构建国家翻译能力建设的支撑体系。加强国家翻译能力建设的实践研究，推动翻译标准的国际互认。

三是建设高素质翻译人才队伍。探索联合开展高层次应用型翻译人才培养，做好国际合作翻译人才研修交流，健全翻译人才激励机制，办好翻译领域重大赛事和评选表彰活动，营造翻译人才济济、名家辈出的环境氛围。

四是推动新技术在翻译领域的应用。密切跟踪翻译技术的发展趋势，鼓励开展技术创新，运用新技术手段，优化翻译工作流程、强化翻译业务管理，推动翻译事业向数字化、智能化的更高水平迈进。

五是提高翻译理论研究和学术交流水平。加强翻译理论的探索创新和翻译实践的经验总结，深入开展翻译基础理论和国际传播学理论研究，搭建国际化学术交流平台，促进国内外翻译界互学互鉴，不断提高翻译理论研究和实践水平。

六是推动语言服务产业高质量发展。注重加强翻译产业资源的开放协同，增强语言服务企业发展潜力，提升产业规模、发展质量和效益，加强语言服务行业规划引导，以语言服务产业振兴推动翻译事业繁荣发展。

北京译协：截至2022年年底，我国已有301所高校开设翻译本科专业，全国累计共有316个翻译硕士（专业学位）授权点，翻译人才培养欣欣向荣。您如何看待我国当前的翻译人才培养？

杜：翻译人才队伍是增强国家翻译能力、构建中国话语和叙事体系的基础支撑。过去十年，我国翻译和语言服务行业依托世界上规模最大的高等教育体系，不断壮大人才队伍，提高人才素质，实现快速增长。中国译协最新调查显示，我国翻译人才总规模达538万人，英、法、俄、西、阿等常用语种翻译人才已有良好储备，人才队伍呈现年轻化、高知化、梯队化等特征。同时，翻译人才队伍建设也存在高层次人才欠缺、人才数量和素质难以满足对外交往需要、培养机制不健全等问题，专门从事国际传播工作的翻译人才供给与国家需求仍有较大差距，特别是能够独立承担重要翻译任务的高端翻译人才和非通用语种人才数量仍比较有限。面对这些问题，我认为加强翻译人才培养还要在以下几个方面持续用力：

一是完善翻译人才培养体系，找准专业方向，突出专业特色，增加语种数量，建立跨学科课程体系，培养具有全球视野的复合型翻译人才。

二是创新翻译人才培养模式，将注重专业知识与翻译技能的培养并举，将翻译学科建设与学校特色紧密结合起来，将学科建设成果落实到人才培养上来。

三是坚持开放协同，加强国际交流合作，在开放、多元、复杂的全球语境中培养翻译人才，开展中外联合培养，持续做好国际翻译人才研修交流。

四是主动适应新技术革命与教育教学改革，大力推动新技术在翻译教学与实践中的有效融合应用，促进教育资源、产业资源、知识资源、技术资源更好对接，形成翻译人才培养的强大合力。

北京译协：2022 年 9 月，教育部发布新版《研究生教育学科专业目录》，翻译被列入文学学科门类专业学位类别，可授予硕士、博士专业学位。您认为建设和发展翻译专业博士学位对于培养新时代翻译领军人才有哪些重要意义？应该如何建设好翻译专业博士学位点？

杜：翻译专业被列入文学学科门类专业学位类别，可授予硕士、博士专业学位，这标志着高层次翻译人才资源得到进一步补齐，翻译专业一体化人才培养体系基本形成。建设和发展翻译博士专业学位将成为培养新时代翻译领军人才的重要抓手。这项工作意义重大，需要在布局管理方面加大育、选、用各个环节统筹，在人才资源储备和配置方面还应协调指导单位、培养单位、用人单位、社会组织等各方参与。我认为需要重点做好以下三个方面的工作：

一是坚持需求引领。翻译人才的培养要从国家战略需求的角度出发，创新开展翻译人才培养和行业平台建设，推进产教融合、科教融汇，在思想译介和文明交流中锻造多语种高端翻译人才团队，为培养高水平国际传播翻译人才提供有利环境。

二是坚持协同创新。支持鼓励专业机构、行业企业、团体组织、科研院所全过程实质性参与翻译人才培养。中国译协也将持续做好重大翻译项目组织实施、会员服务与管理、标准化建设、师资培训、翻译奖赛、技术应用等重点工作，为高端翻译人才培养提供基础支撑。

三是坚持开放合作。学界业界需要共同努力，引导青年翻译工作者不断强化语言应用能力和跨文化沟通能力。充分利用国际组织和业界资源力量，发挥翻译专业优势和职业特质，合力打造多元复合的翻译人才队伍。

认真翻译北京，努力传播好中国

黄友义①
（中国翻译协会）

翻译在新时代的重要性日益突出，近年来的几件大事就是证明。2021年，中央三个部委联合发文，专门对如何培养壮大对外翻译队伍提出明确措施，这是1949年以来第一次由中央部委专门发文规划翻译工作。2022年8月，习近平总书记给外文出版社外国专家回信，强调"通过准确传神的翻译介绍，让世界更好认识新时代的中国，对推进中外文明交流互鉴很有意义"。2022年，国务院学位委员会和教育部联合印发了《研究生教育学科专业目录（2022年）》。新版目录中，翻译作为专业学位，可授予硕士、博士专业学位，这是翻译专业学位研究生教育的一个重大进步。以上都说明了国家对翻译的高度重视。同时，翻译界自身也发生了巨大变化，特别是中译外工作量不断增加，翻译任务完成时限要求愈加紧迫，高端翻译及审定稿人才严重不足。

作为大国，中国积极开展文明互鉴，翻译的作用不可或缺。中国已全面进入国际传播时代，通过对外翻译，用外文讲好中国故事亦是十分重要的时代使命。翻译行业也迎来了新发展阶段，广大翻译工作者也需要更加深入冷静地思考我们到底要翻译什么、怎么翻译的问题，对以上问题的探讨越是深刻，就越有利于翻译事业的发展，也有利于翻译人才

---

① 黄友义，中国翻译协会常务副会长、中国外文出版发行事业局原副局长兼总编辑。

的培养和成长，亦有利于翻译教育的提升。

1. 翻译什么？

习近平总书记在党的二十大报告中指出："必须完整、准确、全面贯彻新发展理念，坚持社会主义市场经济改革方向，坚持高水平对外开放，加快构建以国内大循环为主体、国内国际双循环相互促进的新发展格局。"而无论是强国战略还是推动"一带一路"高质量发展，都需要翻译发挥重要作用。

中国是学习大国，自身需要了解世界，学习一切对我国有利的先进经验。因此，我们常说的"翻译世界"，也就是外文翻译成中文的任务永远存在，永远需要去完成，也是我国译者必须从事好的分内工作。如果说与过去有所不同，无非是翻译内容随着形势和社会需求的变化出现了结果和比例上的调整，比如文学翻译从历史上占有压倒性份额明显减少了，而科技法律新闻时政类翻译量则明显增多。

随着国际和国内形势发展，现阶段我们要"翻译中国"，也就是让世界更加充分理解当代中国，这必然会使中译外的工作量持续增长。中国经济更高层次的开放、中国文化的传播、中华思想的对外解读、中国共产党治国理政理念和经验的介绍，以及中国人的生活方式、风土人情的展示都离不开对外翻译。

北京作为首都和历史古都，有着许多对外具有独特吸引力的信息和资源。北京的城市功能定位为"政治中心、文化中心、国际交往中心、科技创新中心"，首都的这四大中心功能，不仅与中国人的生活和工作息息相关，还对那些在不同方面必然与北京和中国发生关联的外国个人、外国企业、外国政府也有着不可回避的联系。

不同时代，不同的外国受众，想要了解的情况不尽相同。我们现在需要帮助外籍人士深入具体地了解现代北京，讲述北京特有的个性化故事，介绍支撑"四个中心"建设的多重元素，比如在北京能听到多少种各国语言？北京外籍人口的来源、比例是多少？生活在北京的外籍人士有哪些工作和生活需求？北京高校里留学生的情况如何？北京国际航班频次如何？北京每年举办的国际性会议有多少场次、聚焦哪些主题？北京产业发展情况如何？北京吸引了多少外资？北京的出口贸易情况如何？北京的文化艺术"走出去"情况如何？以上种种都是北京独有的特点。相信外国受众希望了解这些信息及其背后深层次的故事。如果这方面有中文资料，翻译们也是会去翻译的。

如果回答在北京需要翻译什么，答案一定是翻译空间巨大，中国有多少话要对外讲，就有多少内容需要翻译。尤其是当前，大形势让我们处于"翻译中国"的转折点，处于讲好中国故事的关键时刻。

2. 谁来翻译？

有人觉得，在京中央机构多，对外传播单位多，该翻译的、能翻译的都有安排了。这种感觉太过保守了。实际上需要翻译的任务量和空间极大。2019年，北京第二外国语学院（下简称北二外）成立公共政策翻译研究院就是个很好的说明。按照常理，人们很容易认为公共政策作为政府发布的文件，如需翻译成外文，早已由专门机构完成。但北二外学者们通过调研发现，中央外宣机构各有各的领域和使命，鲜有精力和人力投入翻译各部委及北京市政府发布的政策和文件中来。

另外，中国如此之大，我们的每一项制度都可能在不同程度上与不同的外国人产生关联，换言之，政策文件需要外文版本。中国公共政策翻译研究院的成立正好填补了我国公共政策对外传播的一个空白。虽然人力和财力有限，公共政策的翻译与满足现实需求还有距离，但自成立以来，这家公共政策翻译研究机构通过辛苦努力不仅翻译了一大批重要的中央和首都涉外政策，在社会上还发挥了非常好的示范和推动作用，让更多部门意识到政策规定不仅有国内需要，国外受众也有需求。在一定程度上北二外中国公共政策翻译研究院的实践提升了中国的国际传播意识和能力。同时研究院在翻译实践中团结了一批译者，也必将通过不断的翻译实践与研究培养出一支公共政策翻译与研究队伍。

按照翻译工作的规律，译者应该从外语译入母语，但因为历史、文化和现实等多重因素，在相当长的一段时间内，不可能有足够的外国人承担起中译外这种于他们而言是从外语到母语的翻译。因此，中国译者不得不迎难而上继续挑起中译外的重担。

当然，以中国译者为主绝不意味着中国人单打独斗，重要文献的对外翻译过程中邀请外国语言专家参与润色是必不可少的环节。缺少这一环节的话，译文质量难以得到有效保证。

比如，形容我国的改革，我们习惯用早期的"摸着石头过河"和后来的"改革进入深水区"生动形象地形容改革四十多年来的进程。把"改革进入深水区"翻译为"...reform has entered the deep-water zone"，导致一部分外国受众质疑我们是否承认改革失败，因为"deep-water"在他们的语言认知中，是几乎必死无疑的境地。我们中国人不容易意识到这种英文上的细微差别，就需要外国语言专家帮助把关。中文里很多情感丰富的表述，翻译成英文时需要十分谨慎。比如说中国是个可爱的国家，用"lovable"就不合适；说某国的行为伤害了中国人民的感情，用"hurt the Chinese feeling"，也不足以起到中文想要表达的效果。

讲述中国故事需要使用融通中外的语言。中国译者最大的优势是对中文、中国国情及中文背后文化元素的深度理解，有把握让译文准确到位。外国语言专家的长处则是了解外国人的思维习惯和外语词汇的微妙区别。中外译者合作可以取得珠联璧合的效果，从而架起不同文化交流和中外心灵沟通所需要的桥梁。这座桥梁架设得越宽阔平坦，越牢固结实，传播效果也就越好。所以，这种类型的合作翻译是国际传播的基本需要。当然，并不是说任何稿件都是必须由中国译者先译，再由外国语言专家来润色。有些稿件由外国译者率先翻译，特别是一些文学作品，也许效果更好。这种情况下一般最终还是需要由中国译者帮助把好正确传递中文原意的这道关口。

3. 怎么翻译？

这个问题看似简单，但是具体到实际的翻译任务，不同的稿件，不同的受众，不同的客户，就自然引发译者们反复讨论。其实，不论外译中，还是中译外，任何时候字对字、词对词和句对句的翻译都不可能是最佳选择。尤其是中译外，中外文化差异大，中西思维方式各异，中西文字传统和形态不同，要想在两种文本之间，乃至于两种文化中间架起理解的桥梁，自然要翻译出文字所代表的文化元素。

有人说"译者是最较真的读者"，这句话非常有道理。译者要接触各类不同的文稿，但是文章作者往往是不同专业的人，译者要翻译不同专业人士写就的作品，首先要学习。译者就是在不断学习、不断翻译实践中来持续丰富和完善自身。党的二十大报告中，习近平总书记提道："经过不懈努力，党找到了自我革命这一跳出治乱兴衰历史周期率的第二个答案，自我净化、自我完善、自我革新、自我提高能力显著增强，管党治党宽松软状况得到根本扭转，风清气正的党内政治生态不断形成和发展，确保党永远不变质、不变色、不变味。"看到"第二个答案"，自然需要了解什么是治乱兴衰历史周期率的第一个答案，这就要学习党史，回顾当年在延安时毛主席给出的第一个方案。当年毛主席说："我们已经找到新路，我们能跳出这周期率。这条新路，就是民主。只有让人民来监督政府，政府才不敢松懈；只有人人起来负责，才不会人亡政息。"把毛主席的话和习近平总书记所做的报告联系起来看，就理解了这两个方案是一脉相承的，翻译起来心里就有底。

对原文有了透彻的理解，才能翻译出文字背后的含义。比如在谈到城镇化建设时，习近平总书记曾经说："让群众望得见山、看得见水、记得住乡愁，让自然生态美景永驻人间，还自然以宁静、和谐、美丽。"《习近平谈治国理政》（第三卷）的译文是：We should make it possible for people to enjoy the natural landscape and retain their love of nature, while returning serenity, harmony and beauty back to nature. 这里没有把

"乡愁"死译为对乡村的恋恋不舍,不能让译文给人一种错误的印象,好像人们住进城里的新房后,总发愁如何才能回到当年农村的田园生活环境。新时期的城镇化建设要给人民提供良好的居住环境。根据这种理解,把"记得住乡愁"翻译为"retain their love of nature"是准确的。

但是,说到北京时,习近平总书记说:"老北京的一个显著特色就是胡同,要注意保留胡同特色,让城市留住记忆,让人们记住乡愁。"这里的"记住乡愁",显然与农村田园生活环境无关。因此,采用了这样的译文:"*Hutong* are a prominent feature of Beijing. We should preserve these alleyways so as to retain the city's memories and preserve the people's love for this city."这里,用"preserve the people's love for this city"显然更符合原文上下文的意思。由此可见,仅"记住乡愁"这几个字在不同场合,根据上下文需要有不同的译文。类似的例子很多,比如"守正创新"这句话在不同场合,就需要采用不同的英文表述。如要硬要用同样的外文在不同情况下,去字对字地应对中文,显然不符合翻译规律,更影响传播效果。

翻译实践中,中文的"历史"不一定都对应"history","文明"不一定都对应"civilization",就像"矛盾"不一定都对应"contradiction","问题"不一定都对应"question","工作"不一定都对应"work"一样,这类情况颇多,需要译者认真辨别和把握。

4. 结语

从翻译市场角度看,北京信息通畅,项目多,是翻译事业发展成长的一块宝地。除去众多的本地翻译服务机构,许多外地的翻译公司也在北京开设分支机构,甚至老总亲自常驻北京。在某种意义上,翻译北京不仅是北京译者的事情,而是全国翻译界都应该参与的事业。

作为首都,北京的翻译队伍最为强大,无论是专业翻译机构还是诸多高校,都具备一批出色的多语翻译力量。北京地区的译者理所当然应该对国家的翻译事业发挥更大的作用。2021年北京市翻译协会的成立,给区域性翻译界的合作又提供了新的机遇和条件。如果扩展一下思路，也许随着京津冀协同发展的深入，在提高翻译质量、培养翻译专业博士人才等诸多方面，京津冀更加密切的翻译协作将应运而生。

翻译研究

世界主义、世界文学与文化民族主义：论施莱尔马赫的"异质"翻译观及其来源

蒋 童[①] 王宗汉[②]

（北京第二外国语学院；首都师范大学）

【摘　要】施莱尔马赫的演讲《论翻译的不同方法》可以视为他的翻译宣言。作为德国翻译史论的重要人物，施氏演讲中的"异质"翻译观启发了德国乃至世界的翻译家与译论家，且其翻译观仍流行于当今翻译理论界。他所秉持的真正的翻译聚焦于异于本民族文化的主观性内容的翻译，而其中的"异质"色彩可以追溯到德国启蒙主义时期的世界主义、歌德的"世界文学"与当时德国的文化民族主义，这三者是施氏异质翻译观的来源。

【关键词】施莱尔马赫；异质；世界主义；世界文学；文化民族主义

---

① 蒋童，博士，北京第二外国语学院教授，研究方向为翻译理论与比较文学。
② 王宗汉，首都师范大学外国语学院硕士研究生，研究方向为翻译理论与实践。

引言

  1813 年 6 月 24 日，弗里德里希·施莱尔马赫（Schleiermacher）（1768—1834）在柏林皇家科学院发表了长达 30 多页的演讲，题为《论翻译的不同方法》（德语为 *Über die verschiedenen Methoden des Übersezens*，英语为 *On the Different Methods of Translating*）。该演讲从理论上阐述并总结了他的翻译原则和方法，对德国翻译理论界乃至后来的欧美译论界均产生了重大影响。对这篇"翻译宣言"，当代法国理论家安托瓦纳·贝尔曼（Berman）（1942—1991）评价："这是当时德国唯一一个关于翻译的系统的方法论研究"（贝尔曼，2021：242）。贝尔曼尤其关注德国浪漫主义时期翻译所体现出的"异质性"，他认为"异"是翻译最根本的前提，是本我的思想与灵感的来源（胡陈尧，2022：82）。施氏这篇演讲背后所蕴含的"异质"翻译观，正是贝尔曼对"异"思考的思想来源。那么，施莱尔马赫宣言中思想的来源是什么？宣言构想了什么？他又如何实践这一宣言？若要考察上述问题，需着眼于以下三个因素：德国启蒙主义时期形成的世界主义思想、歌德的"世界文学"观念、复杂社会现实下德国盛行的文化民族主义。

1. 困境与生机：18 世纪末 19 世纪初德国资产阶级面临的社会现实

  18 世纪的德意志，政权由贵族把持。在普鲁士，贵族作为统治阶级，拒绝接受资产阶级和自由派的价值观，普鲁士的社会制度自绝于政治和社会现代化，导致其乃至整个德国在随后的拿破仑战争中付出惨重代价。经济方面，行会享有种种特权，扼住经济发展的喉咙。社会发展陷入停滞，几乎不可能为自由民主力量的发展提供动力。德意志当时社会等级森严，市民被牢牢束缚——农民阶级遭到压制，难以表达自身的诉求；

在城市里，虽然资产阶级基本上免于服兵役，可以将时间用来赚钱，但由于森严的社会等级，贵族与平民的身份不可变动，资产阶级不能将手中的财富转化为贵族身份，这就导致其社会地位卑下，缺乏政治权力；知识分子仍基本上与政事无缘，"他们远不及自己的英国、法国同行们那样大"，因为他们"在经济、税收方面无足轻重"而排在社会等级的末位（叶秀山、王树人，2005：60）。普鲁士的这些现象，是当时整个德国社会的惯常。虽然政治分裂让德国诸邦间有所隔阂，但各邦资产阶级的处境基本类似。

那时，德国的时代主题之一就是战争。"七年战争"让普鲁士损失巨大，经济濒临崩溃。法国大革命爆发，拿破仑上台，更是给整个德意志帝国敲响了警钟。从1792年法国对普、奥宣战，到1813年莱比锡会战前，德国在战争中几乎全部败于法国。德国在军事上的失败导致了政治上的失败，拿破仑控制了德国的政治。

战争不仅给德国带来了绝望的阴影，还带来了新生的光明。法国在政治、军事等方面上的强势，最直接的受益者就是德国新生的资产阶级。德国各大小邦国长期以来实行的是封建制度，庄园主占有土地，封建贵族和庄园主作威作福，农民和资产阶级长期受到打压，政治经济制度十分落后。法国的入侵反而带来了新的政治经济制度，为德国带来了重生的希望，巴伐利亚、普鲁士、巴登、威斯特伐利亚等德国诸邦，均进行了形式各样的改革，其中普鲁士的改革效果最为显著。普鲁士的改革始于1807年。首先，普鲁士颁布了《十月敕令》，废除农奴制，庄园可以自由买卖，国家公职的任职资格不再取决于人们的社会地位；其次，除军人、犹太人、门诺派教徒、未成年人之外的市民，只要满足一定的财产条件，均享有一定的政治权力；贸易方面，废除行会对具体行业的垄断，建立贸易自由原则；教育方面，威廉·冯·洪堡（Humboldt）发挥了重要作用。他认为让人民接受教育是国家的责任，这是一项道德义务。经过他的不懈努力，柏林大学于1810年创立。柏林大学强调人文精神，并容纳诸多持有进步观点的教师，著名哲学家兼民族主义者费希特（Fichte）担任了这所新式大学的首任校长。洪堡的教育改革使普鲁士形成了一个接受过高等教育且思想自由的资产阶级精英阶层，为19世纪德国资产阶级的发展奠定了人才基础（基钦，2005：144-150）。

上述诸多改革对施莱尔马赫而言是难得的机遇。资产阶级逐渐强大后，知识分子的待遇也随之提高。施莱尔马赫拥有了相当的物质基础后，得以从一个教区牧师成为大学教师，并在哲学、神学、翻译等领域产生深远影响。而改革后的成果及这样的阶级身份使施莱尔马赫深刻认识到，只有自由、独立、人本的社会才能使普鲁士强盛起来。"我的行动是自由的，而不像我在世界上的表象那样要遵循永恒的法则。""施莱尔马赫所讲的或者所理解的信仰个体已经不再仅仅是启蒙运动或者近代哲学所理解的纯粹理性的人，信仰个体同时具有了浪漫主义所赋予的完全人性和自由精神。"（闻峻，2014：25），资产阶级自由意识不但改变了施莱尔马赫的神学思想，更为他日后在不断实践中形成的翻译观打下了坚实的基础。

2. 丰富与塑造：翻译之于德国文化

从马丁·路德（Luther）宗教改革开始，翻译在德国的地位就变得十分重要。路德在翻译《圣经》时从德国繁杂的方言中提炼出共性，再与高地德语结合，创造了通用德语。所以从某种意义上，没有翻译，就没有现代德语。因此，翻译对德国的重要性不言自明。

启蒙运动时期蓬勃发展的德国阅读文化最直接的受益者是市民阶级。在识字的前提下，市民通过阅读学到了新知识，这为德国文化的发展奠定了基础。事实上，那个时代德国文化受法国文化的影响颇深，但由于德法两种不同文化的相互交流不能自发实现，翻译在其中就发挥了重要的作用。就此，贝尔曼曾说："一个民族自我文化的形成与发展能够并且应当借助翻译的力量，也就是说应该借助与他者的自发的、密集的关系的力量。"（贝尔曼，2021：19）德国文化在漫长的形成过程中不是一成不变的。通过翻译，德国文化不断充实、丰富。从路德的时代开始，翻译活动参与了现代德语的出现与普及，参与了德国文化的丰富进程，久而久之，翻译成为塑造德国文化的手段。

翻译活动需要通过译者实现。对于文化塑造这一过程而言，高素质、拥有良好文化素养的译者极为关键。韦努蒂（Venuti）指出，施莱尔马赫的翻译理论，本质上意味着翻译活动只对"文学精英"开放（Venuti，2004：109）。尽管义务教育制度最早出现在德国的土地上，但这并不意味着在当时的德国，包括农民在内的底层人民拥有塑造德国文化的能力，尽管他们本身所创造的文化也属于德国文化。塑造文化的话语权掌握在德国的知识分子手中，唯知识分子可以参与并完成跨文化交际这样涉及多方面知识的活动，他们按照自身的理念为德国文化添砖加瓦。具体到德国浪漫主义时期，许多翻译工作集中在翻译古希腊作品上，这样的选择不无道理。歌德认为，古希腊文化是一种"典范"；而黑格尔更是说道："一提到希腊这个名字，在有教养的欧洲人心中，尤其在我们德国人心中，自然会引起一种家园之感。"（黑格尔，1959：157）翻译古希腊、古罗马时代作品是对德意志民族将自身视为古希腊、古罗马精神继承者的一种肯定。译者有了这样的导向，其翻译出的作品势必对德国文化产生深远影响，施莱尔马赫本人的翻译活动就集中在翻译柏拉图作品上（刘军平、覃江华，2012：610）。

施莱尔马赫在柏林科学院的演讲中认为，进行大规模的翻译活动是德意志民族独有的命运，德意志民族深刻体会到，只有借助与他者语言多元化的关系，才能够促进德语的发展；德语中许多"美好而又严谨的事物"都是从翻译中获得的，只有翻译才能使这些事物免于被遗忘（贝尔曼，2021：255）。通过他者文化映射本民族文化中的遗忘之物、丰富本民族文化，这就是翻译在塑造文化上的作用。

3. 追求"异质"：施莱尔马赫的翻译观

施莱尔马赫最大的翻译成就莫过于翻译柏拉图的著作。他从1798年起着手翻译柏拉图作品，译作在1804年至1828年陆续出版。丰富的翻译实践使他拥有了对翻译的见解，由此创立了他自己的翻译理论，这直接体现在他于柏林皇家科学院发表的演讲《论翻译的不同方法》中。

3.1 何为"质"？

在这篇演讲中，施莱尔马赫定义了什么是真正的翻译。贝尔曼的研究得出施莱尔马赫对什么是真正的翻译的界定标准，即内容上主观与客观的区别。"假如原作者单纯服务于一项客观内容，那么翻译就是传译，无论口头还是笔头；但若原作者倾向在'哲学'或'艺术'领域陈述自己的观点，那就是真正的翻译"（贝尔曼，2021：244）。被翻译的内容，无论是文本还是话语，如果无需传达作者的主观性，抑或作者本身并未对内容施加个人的主观性，例如这个内容是一种自然现象，或是一份合同，或是一些数字，译者起到的作用就仅仅是传译，事物原本是什么，它就会被翻译成什么，因为客观内容不需译者发挥自身能力：译者在原作中越少出现，就越能扮演客体的感知器官，以便更好地遵循时空顺序，译作也就越依赖这一阐释（Lefevere, 1977：69）。施莱尔马赫认为文学哲学领域属于"主观性"范畴。在这两个范畴中，翻译所服务的内容承载的不仅是作者对语言的使用，更承载着作者对自身主观想法的表达。换言之，在文学哲学领域，翻译的内容并不是如一种自然现象或一份合同那样充满了无可辩驳的客观性。但这并不是说，在文学哲学领域事物在被翻译后不是其本来的样子，而是说源语文本本身就存在着多种样子，这种结果来自于不同的作者、不同的人。施莱尔马赫所认为的翻译，更像是译者的一种更新的、对文本的阐释，这种阐释的来源就是被翻译内容中所体现的丰富多彩的主观性。施莱尔马赫看重的"质"，看重的"真正的"翻译，就是哲学与文学领域中对"主观性"内容的翻译。

3.2 "异"于何？

在该演讲中，施莱尔马赫还说明了"好的翻译方法"。他提出两种极端的翻译方法：释义（paraphrase）和模仿（imitation）。对于阐释，施氏认为这种方法在使错误最小化的同时也失掉了原文本的影响："释义（传译）者将两种语言当作数学符号一般处理，以为可以加加减减，达致等值；然而，借着这样的一个程序，无论是转化了的文字还是原文的精神都无法彰显"（Lefevere, 1977：73；陈德鸿、张南峰，2000：24）；而模仿的过程经历了再创造，模仿者意图达到这样一种效果，即"（对模仿者来说）考虑到语言、道德文化、教育等方面的差别以后，这类型的（模仿）作品在它读者心里的地位即如原作之于其读者一样"（Lefevere, 1977：73；陈德鸿、张南峰，2000：24），但这样再创造的后果就是丢失了原文，使原文作者与译文读者之间毫无关联，因为读者读到的是译者的作品，而非作者的作品。他认为这两种方法都不好，"若一个人受着一篇外文巨著影响，灵感突发，要将其魅力传递给同用一种语言的同辈，心中又坚持着较严谨的翻译理念，那么，这两种做法都不会让他满足"（Lefevere, 1977：73；陈德鸿、张南峰，2000：25）。

批判了上述两种翻译方法后，他进而提出了对最佳翻译方法的看法：译者要么尽可能使读者向作者移动；要么尽可能使作者向读者移动（Lefevere, 1977：74；陈德鸿、张南峰，2000：25）。第一种方法是译者试图用自己的翻译去让不懂源语的读者去接近译者所占据的位置，而第二种方法则是让著作的译入语读者读起来像操源语者一样在写作。施氏认为，只有第一种方法才能够实现翻译的目标，"译者的任务就是领悟作家和艺术家通过对语言艺术的把握来影响语言，并将这种领悟与感受传递给读者，关键是如何体现原作的陌生感"（谭福民、张志清，2018：104）。由此可见，体现源语文本的陌生感，就是译者的任务。如上所述，施氏认为的翻译更像是译者对翻译内容的一种阐释，译者在阐释时并不是毫无目的。如果译者的任务是要保留"原作的陌生感"，那他必须要意识到要保留的是异于目的语文化中的滋味。这些滋味将对译入语文化造成冲击，从而丰富并强大译入语文化。没有一种文化是通过故步自封而强大起来的，而交流就必须面对不同于自身文化的事物，这种"异"才是施莱尔马赫真正看重的东西，即通过"异"使德意志民族的文化更加强大。

4. 世界主义、世界文学与文化民族主义：施氏异质翻译观的三个来源

4.1 世界主义与世界文学

与法国式的种族中心主义翻译有所不同的是，施莱尔马赫并不想通过翻译让德语文化统治其他文化。纵然为本民族读者保留异质性的翻译能使德语文化丰富而强大，但本民族文化的丰富与强大并不是凌驾于他者文化之上的理由。因为文化间不再是统治与被统治的关系，而是"平等"的关系，所以翻译作为两种文化交流过程中的行为，不仅能繁荣德国文化，也能繁荣他者文化。

"平等"思想源于启蒙运动时期德国知识分子中盛行的世界主义思想。在当时的德国，爱国主义、民族主义几乎无地容身，因为那时德国人根本没有统一的国家观与民族观，这造成知识分子的国家与民族意识淡薄。世界主义者认为，一个受过教育的人应是世界公民、超国界的。文化方面，他们认同超越民族界限的文化观，认为每个民族不分彼此，每个民族的文化也拥有同样的地位，不分高低贵贱。世界主义在文化方面的实践就是世界文学。

"资产阶级人文主义具有普世主义的要求，而普世人文主义代表的是资产阶级的价值体系。在资本主义完全掌握了自身的命运后，它便立即以自己的普世主义替代神权的普世主义"（童庆生，2019：35）。歌德的世界文学就是如此，它体现了一种普世的价值观。"普遍成为歌德概念最重要的特质，明示世界文学无国界、种族之分"（卢铭君，2019：32）。就歌德的文学观而言，他同样认为各民族文化之间应该相互尊重。"歌德还没有天真到期待——或者是希望——世界各国人民之间有完美的和谐，但是他非常希望借文化了解来提高宽容度"（Brown，2007：35）。经历了诸多战争后，歌德希望能通过文化上各民族的互相"宽容"、互相尊重，达到减少战争损失的目的。而从启蒙主义时代就强调人文主义、人

本主义的传统也让世界文学在平等、普世上增添了人文主义的色彩。"世界文学的思想源流主要有以下两支：一是欧洲思想史中源远流长的乌托邦想象，对世界大同、普世平等和人类共同进步的诉求和想象；二是启蒙运动中勃兴的人文主义的知识理论，即将人置于具体社会历史条件之下，以人的行为活动为认知对象的现代知识体系"（童庆生，2019：39）。这两种观念使得歌德认为，世界文学可以使当代所有民族文学积极共存：世界文学并不代表着民族文学的末路，而是各民族文学以一种新方式平等共存，各民族文化亦是如此。

翻译是世界文学概念中十分重要的一环。由于民族语言之间不能互通，这种限制让翻译成为解决问题的方式。"翻译不仅是语言的转换，更是文化思想的融合，如何更加准确地把握翻译实践在世界文学发展史中的特殊作用和地位，是研究世界文学必不可少的环节"（童庆生，2019：31）。一个民族的文化通过翻译能实现对他者文化施加影响以及吸收他者文化带来的影响。贝尔曼评论道："世界文学象征的更是一种泛翻译化的时代：在这个时代，所有的语言都会按照它自己的方式，学习如何去成为一种翻译的语言，如何去体会作为经验的翻译。"（贝尔曼，2021：68）作为"超民族"的世界文学，本身并非是一个固定的概念，在其流通过程中，翻译扮演了重要的角色，"没有翻译的中介，一些文学作品充其量只能在其他文化和文学传统中处于'死亡'或'边缘化'的状态"（王宁，2009：24），所以构建世界文学的概念，就必须将翻译放在一个基础性位置上。

来自启蒙主义时期的世界主义与歌德所提出的世界文学概念，在翻译上深刻影响了之后德国的诸多译者。他们在肯定自己本民族文化的同时，努力做到尊重他者，尽可能在本民族文化与他者文化间保持平等关系。同时，这种思想在德国文化中也深深植入了翻译的种子。歌德之后，包括施莱尔马赫都在为让德语成为一种翻译语言的理想而不懈努力。

4.2 文化民族主义

歌德说道："德文的使命，就是成为世界上所有公民的代表。"（贝尔曼，2021：66）歌德所秉持的"世界文学"观念，通用语言应为德语。这虽然反映出德语正在开始作为一种翻译的语言，在不同的民族文学中塑造着世界文学的概念，但似乎也让歌德看起来有些自相矛盾，而这种矛盾也经由卡萨诺瓦（Pascale Casanova）关于歌德世界文学的观点中得以阐述："歌德倡导世界文学之时，正值德意志民族带着新秀姿态闯入国际文学领地之际，为了与法国文学抗衡，歌德很懂得在德意志疆土之外占领文学市场"（方维规，2017：7-8）。换言之，歌德在倡导"世界文学"概念之时，就怀揣了某些私心：为德国文化"攻城略地"。对于歌德而言，文化"世界的"和"德国的"两种身份实际上是相辅相成的，"歌德的世界文学论述实际上是深入参与到德意志民族身份建构当中的：被填充了意义的'德国'支撑起了歌德的世界文学论述，同时，歌德的世界文学论述也在对'德国'进行着意义的填充"（姚孟泽，2016：50）。故世界主义这种理想化的思想较为脱离实际，在现实中，一个人难以磨灭其归属的民族身份，而民族主义思潮到来的时候更是如此。

施莱尔马赫作为那时德国资产阶级知识分子中的一员，当然也受到了德国文化民族主义的影响。在拿破仑入侵普鲁士时，40多岁的施莱尔马赫作为一位牧师，还准备投身战场，保家卫国。他在军队中进行宗教活动，"施莱尔马赫成为了一个爱国主义牧师，并开始把基督教和爱国主义联系起来"（卡岑巴赫，1990：112）。而作为一位翻译家和语言学家，他敏锐地意识到，法语是"深陷在古典表达法桎梏中的语言""它们采用重造的方法来吸纳外国作品，或者甚至是种族中心主义的翻译"（贝尔曼，2021：250）。法国人依靠种族中心主义的翻译将拉丁文本法语（国）化，伴随着法国的强大与扩张，这些译本的流通范围也随之扩大。当时的德国译者大多认为，法语是德语与拉丁语的中间语言，如果要翻译，就直接从法语文本翻译即可。而这样做的文化后果就是法国文化逐渐占据上风。伴随着政治、军事上的霸权，法国的文化霸权主义将统治德国。施莱尔马赫不能接受这样的结果。他在《论翻译的不同方法》中指出，一个人总要选择让自己从属于一个国家，一种语言，否则将会处于一种"不太愉快的状态"（贝尔曼，2021：253），而这就是他作为德意志知识分子的意识：德国人必须属于德国，必须属于德语。得益于马丁·路德的伟大发明，在其《圣经》译本问世后的几百年间，德意志民族一直使用"通用德语"。同一种语言让德国诸邦在文化上紧密连结。

法国的入侵，使德意志的民族主义情绪高涨。入侵是多方面的，除了在政治、军事等方面的直接入侵以外，文化渗透是德国知识分子不能接受的现实。尤其在当时的德国社会，法语与德语并行。法语作为一种外来语言，对德语起到补充作用，但这种补充是对德语发展的一种阻碍，因为两种语言并行意味着德语"被他者统治"，即被法语统治：德语的母语地位降低了。德国统治阶级以说法语为风尚，施莱尔马赫就曾大胆批评腓特烈二世过于依赖法国文化，"我们伟大的国王所接受的是用外语表达的高雅思想，国王亲切地征用外语来为其服务，他不能用德语来创作他用法语写就的文学和哲学著作"（谭福民、张志清，2018：105）。长此以往，德国文化就有被法国文化兼并的可能。

德国在文化领域上的反抗，是"19世纪初德国文化民族主义的思想渊源之所在"（张淑娟、黄凤志，2006：9）。德国资产阶级知识分子挺身而出。德国诸多改革有利于资产阶级的发展，改革大大增强资产阶级的力量，资产阶级逐渐拥有了话语权。解决文化入侵问题刻不容缓，唯一掌握文化、且优先掌握话语权的知识分子必须起身反击，而文化领域便顺理成章地成为他们抵御外族的主战场。民族主义与文化的结合，即文化民族主义，成为这一时期资产阶级知识分子反抗法国文化霸权主义的有力武器。这种文化民族主义要打破法国人在美学等领域制造的专断教条，要将德国人民从法国文化的阴霾中拯救出来（张淑娟、黄凤志，2006：9）。

但面对法语、法国文化的入侵，施莱尔马赫意识到，恰恰应该敞开胸怀去拥抱外来语、外来文化中的异质性，而不是抵制它们：赫尔德所谓"纯洁的德语"在施莱尔马赫看来是不存在的，语言之间存在的多是统治与被统治的关系。在施莱尔马赫的时代，德语早已是被法语"深深浸润过并控制过"的语言（贝尔曼，2021：252）。在这样的情况下，拥抱异质，一方面说明德国人对新思想的渴望，另一方面说明德国传统语言不足以表达新生事物（刘军平、覃江华，2012：116），只有通过这样文化民族主义的、被韦努蒂称为"异化翻译"的翻译方法，德语和德国文化才能更加丰富和强大，法国式的种族中心主义的"归化"翻译，只会让一种文化故步自封，发展陷入停滞。在语言、文化被控制的德国，这样的翻译非常有必要，这样的文化民族主义的翻译才能达到施莱尔马赫的目的：德国人必须属于德国，必须属于德语。这样的文化民族主义的翻译观要求译者，首先要肯定本民族文化的地位，坚信本民族文化不会被他者文化所同化；其次在翻译的过程中要保留他者文化中的异质性，从而使得这种"陌生感"为本民族文化所用，丰富本民族文化，并打败施加于本民族文化之上的文化霸权主义。

5. 结语

综上所述，世界文学，世界主义，都有其产生的社会历史条件，文化民族主义也不例外。德意志封建帝国的资产阶级势力日益强大，让其知识分子拥有了足够的话语权。伴随着法国政治、军事统治的文化霸权主义，德国资产阶级知识分子积极抗争。启蒙主义时期的世界主义观念与歌德所提倡的普世人文主义的"世界文学"概念，加之面对文化霸权主义时德国文化与民族主义相结合产生的文化民族主义，促使施莱尔马赫提出重"异质"的翻译观，即在翻译哲学、文学等主观性内容时，保留异于本民族文化中的要素。尽管普世主义与民族主义看起来似乎是矛盾的概念，但施莱尔马赫重异质的翻译思想也实实在在地反映出他的心愿：希望通过这样的翻译，强大德国文化，以对抗法国的文化霸权，从而实现一种普世的、人文的各民族文化的平等。

参考文献

[1] Brown, J. 歌德与"世界文学"[J]. 学术月刊, 2007(6): 32-38.

[2] Lefevere, A. *Translating Literature: The German Tradition from Luther to Rosenzweig* [M]. Assen: Van Gorcum, 1977.

[3] Venuti, L. *The Translator's Invisibility: A History of Translation* [M]. 上海：上海外语教育出版社, 2004.

[4] 贝尔曼. 异域的考验：德国浪漫主义时期的文化与翻译 [M]. 章文译. 北京：生活·读书·新知三联书店, 2021.

[5] 陈德鸿, 张南峰. 西方翻译理论精选 [M]. 香港：香港城市大学出版社, 2000.

[6] 方维规. 何谓世界文学？[J]. 文艺研究, 2017(1): 5-18.

[7] 黑格尔. 哲学史讲演录（第一卷）[M]. 贺麟, 王太庆译. 北京：商务印书馆, 1959.

[8] 胡陈尧. 论贝尔曼翻译伦理思想的哲学蕴含 [J]. 外国语, 2022 (1): 79-85.

[9] 基钦. 剑桥插图德国史 [M]. 赵辉, 徐芳译. 北京：世界知识出版社, 2005.

[10] 卡岑巴赫. 施莱尔马赫 [M]. 任立译. 北京：中国社会科学出版社, 1990.

[11] 李伯杰. 德国文化史 [M]. 北京：对外经济贸易大学出版社, 2002.

[12] 刘军平, 覃江华. 西方翻译理论名著选读 [M]. 武汉：武汉大学出版社, 2012.

[13] 刘军平. 施莱尔马赫异化翻译策略之历史文化成因探究 [J]. 武汉大学学报（人文科学版）, 2015(2): 114-120.

[14] 卢铭君. 歌德与"世界文学" [J]. 中国比较文学, 2019(116): 26-42.

[15] 谭福民, 张志清. 施莱尔马赫的异化翻译观述评 [J]. 西安外国语大学学报, 2018(1): 103-106.

[16] 童庆生. 汉语的意义：语文学、世界文学和西方汉语观 [M]. 北京：生活·读书·新知三联书店, 2019.

[17] 王宁. 世界文学与翻译 [J]. 文艺研究, 2009(3): 23-31.

[18] 闻骏. 精神的成长：柏林浪漫派影响下的施莱尔马赫 [J]. 现代哲学, 2014(4): 21-25.

[19] 姚孟泽. 论歌德的"世界"及其"世界文学" [J]. 中国比较文学, 2016(1): 44-56.

[20] 叶秀山, 王树人. 西方哲学史（学术版）[M]. 南京：江苏人民出版社, 2005.

[21] 袁莉. 翻译的文化视界——贝尔曼对德国近代译论的思考 [J]. 外语研究,

1996(4): 44-50.

[22] 张淑娟, 黄凤志. "文化民族主义"思想根源探析——以德国文化民族主义为例 [J]. 世界民族, 2006(6): 1-10.

Cosmopolitanism, Weltliteratur and Cultural Nationalism — A Study on the Origin of Schleiermacher's View of Translation

Jiang Tong   Wang Zonghan

(Beijing International Studies University; Capital Normal University)

Abstract: As an important figure in the history of the German translation, Schleiermacher's concept of "foreignizing" translation has inspired many translators in Germany and around the world since then, and his concept of translation is still popular today. Schleiermacher's view of true translation is the translation of subjective contents that are different from the national culture, and the "foreignness" in it can be traced back to the cosmopolitanism of the Enlightenment period, Goethe's "Weltliteratur" and the cultural nationalism of Germany at that time.

Keywords: Schleiermacher; foreignness; cosmopolitanism; Weltliteratur; cultural nationalism

再论德国功能翻译理论：溯源与正名[①]

冯小冰[②]

（西安外国语大学）

【摘　要】德国功能翻译理论自 20 世纪 80 年代末进入中国以来，已得到广泛传播和认可，但因其理论著述多由德文写就，语言障碍使学界对该理论体系缺乏系统性理解，并因之存在诸多误读与误用之处。本文从德国功能翻译理论的原著入手，围绕"文本地位""译者角色""翻译伦理""功能翻译理论与文学翻译"等学界存疑且多有争议的概念追根溯源，澄清误解的同时系统呈现功能翻译理论的原貌并探讨其现实意义。

【关键词】德国功能翻译理论；文本地位；译者角色；翻译伦理；文学翻译

1987 年，桂乾元于《中国翻译》发表《记联邦德国的三位翻译家》，德国功能翻译理论的代表人物开始在国内引起关注。国内学界对功能翻译理论的集中探讨始自 20 世纪 90 年代中后期，在 21 世纪初达到高潮，并一直延续到 2010 年左右。之后有关功能翻译理论的研究多以应用研究

[①] 本文是教育部人文社科青年基金项目"形象学视野下的中国现当代文学德译研究"（项目编号：21YJC740013）和北京外国语大学青年学术创新团队项目"20 世纪以来的中德文学交流及传播模式研究"（项目编号：2018JT003）的阶段性成果；西安外国语大学"外国语言学及应用语言学研究中心"的资助成果。
[②] 冯小冰，博士，西安外国语大学副教授，研究方向为翻译理论与实践。

为主,对理论的阐述和反思减少。总体而言,有关功能翻译的理论和应用研究虽在数量和质量上取得了不菲成绩,但仍存在诸多问题。

在理论研究方面,国内研究多孤立且重复地围绕"翻译目的""文本功能与翻译策略""忠诚"等概念展开(卞建华、崔永禄,2006:86)。系统性研究视角的缺乏致使学界对功能翻译理论的接受很多时候只是"寻章摘句式的引用和摘抄,有时甚至是忽略了理论的精髓,而对于其不重要的地方却颇有争议"(杨柳,2009:128)。在应用研究方面,何庆机(2007:19)通过分析指出现有研究的问题:一是"有名无实,只是挂功能派之名,却并没有将其用于分析";二是"新瓶装旧酒,即套用功能理论来进行传统的语言层面分析"。

导致上述问题的一个重要原因在于功能翻译学派的理论著述多由德文写就,虽然部分功能派理论译为了英文,并借由英文译为中文,但其中的信息流失不可避免。语言障碍使国内学者很难准确认知功能翻译理论的全貌和原貌。因此,诺德本人也建议国内学者尽量去阅读功能翻译理论的德文与英文原著(卞建华,2006:45)。本文拟从德国功能学派理论的原著入手,追根溯源,澄清误解,系统呈现该派理论的原貌并探索其现实意义。

1. 德国功能翻译理论发展述评

1971年,德国翻译学者赖斯(Katharina Reiss)在《翻译批评的潜力与制约》(*Möglichkeiten und Grenzen der Übersetzungskritik*)一书中基于德国语言学家布勒(Karl Bühler)的语言符号功能模型提出了针对翻译的"文本类型理论"(Texttypologie),根据功能将文本分为"重内容"(inhaltsbetont)"重形式"(formbetont)"重诉求"(appellbetont)和"声音媒介型"(audio-medial)文本。文本的不同功能决定了翻译需要实现的对等类型。书中还谈及影响翻译的语言外因素(时间、地点、译本接受者等)以及翻译(批评)中的主观因素(译者或批评者的性格类型)。这标志着德国功能翻译理论的萌芽。总体而言,赖斯此时的理论依然深受语言学,尤其是语用学的影响,"对等"(Äquivalenz)仍是被反复提及的重点关注对象。理论尚处在翻译的对策论和方法论层面，还缺少能够使各理论部分成为完整体系的核心认知。

1984年，赖斯的学生费梅尔（Hans J. Vermeer）同赖斯合作撰写了专著《普通翻译理论基础》（*Grundlegung einer allgemeinen Translationstheorie*）。费梅尔以行为理论为基础，提出"目的论"（Skopostheorie），认为翻译是由目的驱动的跨文化交际行为，并将"文本类型理论"纳入"目的论"中。同年，芬兰籍德裔翻译学者曼塔莉（Justa Holz-Mänttäri）在《翻译行为：理论与方法》（*Translatorisches Handeln. Theorie und Methode*）一书中提出"翻译行为理论"（Translatorisches Handeln）[①]。上述三位学者也被视为是德国功能翻译理论的第一代代表人物。

"目的论"和"翻译行为理论"的提出在认识论上重新解读了翻译本质，使翻译由"文本至上"变成以行为主体"人"为中心的社会文化活动，进而使翻译研究开始摆脱语言学的束缚，也标志着功能翻译理论正式确立。然而，此时无论是"目的论"还是"翻译行为理论"仍存在争议之处。《普通翻译理论基础》一书分为两个部分，费梅尔在前半部分建立了"目的论"的理论框架，确立翻译的目的导向或优先性。并且因为源语和目的语文化环境不同，功能对等只是特例，译本功能的改变才是常态。对等和忠实[②]也因之不再是翻译关注的重点。但在该书的后半部分，赖斯在修正了文本类型理论[③]之后，却仍旧花费大量笔墨探讨文本功能对等前提下对等实现的条件。这无疑给人前后矛盾的印象，并因此招致大量批评。曼塔莉的"翻译行为理论"将包括文本转换在内的一切跨文化转换活动都纳入翻译的范畴以及对译者权利的无限扩大在当时无疑显得过于激进和"超前"。

为了修正"目的论"著作中的"前后不一"现象和"目的主导一切"所带来的译者伦理问题，1988年，费梅尔的学生诺德（Christiane

---

[①] 费梅尔"目的论"的提出时间（1978年）早于曼塔莉的"翻译行为理论"（1981年），正文中所列著作是两者理论的代表作。两者的理论基础和观点有诸多相似之处，但两人都坚持其理论的原创性。

[②] 费梅尔将其称为"语际连贯"（intertextuelle Kohärenz）。

[③] 在目的论中，"声音媒介型"文本被改为"多媒体"（multi-medial）文本，扩大了其所涵盖的文本范围。

Nord）①作为功能理论的第二代代表人物一方面在其著作中极少再提及对等概念，并将赖斯的文本类型理论作为"文本内因素"（textinterne Faktoren）融入功能翻译理论体系中；另一方面她提出了"功能加忠诚"（Funktionsgerechtigkeit + Loyalität）理论，对译者的翻译伦理加以定义和限定。功能翻译理论自此走向成熟和完善，发展成为包含方法论、对策论与认识论的完整理论体系，引发并推动了国际翻译理论研究和翻译培训模式的范式转换。根茨勒（Gentzler, 2004：70）认为，德国功能翻译理论是促使翻译理论研究由原文为导向转为译文为导向的先驱力量。廖七一（2001：422）将功能翻译理论的译者培训模式列为"二战"后世界三大翻译培训模式之一。

2. 功能翻译理论的核心思想

2.1 作为跨文化交际专家的译者

翻译是社会个体间的交际活动（田璐、赵军峰，2018：87）。因此，参与翻译活动的各方，尤其是译者，为完成翻译活动而进行的目的性社会交际行为是功能翻译理论关注的核心。其中给予译者威信，使其以跨文化交流专家和客户可靠的合作伙伴身份出现，是功能翻译理论的重要内容之一（Holz-Mänttäri, 1984）。"如果译者在任何条件下都只能完全服从目的语特点，以适应不同的目的和受众，而不能根据自己的判断行事，那译者此时与'佣工'或'仆人'无异"，这无疑与功能翻译理论相悖，因为"译者作为翻译领域的专家，知道如何引发跨文化交流并引导其实现目的"（诺德，2005：157）。

赋予译者专家地位却也并非要使译者成为学者所谓的"不受约束的自由主体"（陈大亮，2007：51），而是强调译者作为（唯一的）跨文化交流专家在翻译活动中——尤其在各方出现分歧时拥有与各方进行协商

---

① 赖斯、费梅尔和诺德不仅是师承关系，并且都曾在德国海德堡大学求学和工作过。因此，德国功能翻译理论学派又被称为"海德堡学派"。

的权力和责任。协商范围涵盖了翻译目的的确定、翻译目的合理性的核验、作者意图的传达等。

突出译者地位及其作为能动个体的主体性作用是功能翻译理论学派与语言学派最大的区别之一。然而,这一点却往往为学者所忽视。在基于功能翻译理论的多数研究中,几乎很少论及译者在翻译活动中的作用。直至30年后的当下,作为"一仆二主"中仆人的译者才真正从作者和读者的身后走出,成为当下翻译研究的核心议题之一。许钧(2020:78)将译者作为翻译史的三大构成要素之一加以强调。王克非(2021:69)更是将翻译定义为"译者将一种语言文字所蕴含的意思换用另一种语言文字表述出来的文化活动"。在以周领顺为代表的"译者行为批评"研究中,"功能翻译理论""目的论"和"翻译行为"成为被提及最多的高频关键词(陈静、黄鹂鸣、尚小晴,2021:117)。这一切凸显出功能翻译理论的超前性和现实意义。

2.2 社会中的文本

功能翻译理论将翻译行为置于社会文化语境下。翻译行为所涉及的源语与目的语文本本质上涉及的是社会学意义上的文本概念。译者所面对的"原文形式是其产生的环境(时间、地点、受众)中多种变量的产物,而译者或接受者如何解释并理解原文是由新的接受环境中的变量引导的"(诺德,2005:158)。在这一前提下功能翻译理论的基本原则得以展开:

> (1)"译文由目的决定";(2)"译文是原文化和原语言信息在目的文化及其语言中的信息呈现";(3)"译文作为对原信息的摹写具有显著的不可逆性";(4)"译文须呈现语内连贯";(5)"译文与原文须呈现语际连贯";(6)"各原则依上述等级关系排列"。(Reiß & Vermeer,1991:119)

译文服务于翻译作为跨文化交际行为的目的(原则1)。译文作为目的语社会文化语境中的文本,其功能由多种因素决定,如"任务委托人"

（Auftraggeber）"翻译任务"（Übersetzungsauftrag）等。原文不再是翻译的绝对、唯一标准，而是作为翻译的信息源，成为影响翻译行为的因素之一（原则2）。但这并不意味着"废黜"原文，恰恰相反，对原文进行分析是确定翻译目的及其能否以及如何实现的关键手段。原因一方面在于，在某些情况下，明确规定了译文功能的任务委托并不存在。译者无法以自上而下的方式直接从文本外确定翻译目的。此时译者除可与委托人协商之外，更要通过对原文的分析，以自下而上的方式来确定译本功能。另一方面，即使翻译任务对翻译目的有明确规定，译者作为专业人士仍需通过分析原文的文本外因素（文本发送者、文本发送者的意图、译本接受者、媒介/渠道、地点、时间等）和文本内因素（主题、内容、交际前提、结构和结构划分、非言语文本因素、词汇、句法等）（Nord, 2009）以及目的语语境来首先确认所需的译本功能与原文是否存在"兼容性"（Kompatibilität）。所谓"兼容性"，指的是译本应有的所有元素已在原文中给出，或者虽存在一些信息缺口，但译者可通过其常识和翻译能力来补偿。

如果译本功能与原文无法兼容，译者可要求翻译委托人补充原文材料，或直接拒绝接受委托。如果两者存在兼容性，译者则需通过进一步的文本分析确定"原文中的哪些要素能够保留，又有哪些要素出于达成目的的需要必须以何种方式进行处理"（Nord, 2009：28-30），并最终确定是采用"文献式翻译"（dokumentarisches Übersetzen）或"工具式翻译"（instrumentelles Übersetzen）[①]，抑或两者的结合。上述对原文地位的论述可用于回应学者对功能翻译理论中原文分析是否仍有必要的质疑（张美芳，2005：65）。

[①] "文献式翻译"指的是"将原文的各个方面或语境中的原文完全摹写给目的语受众，使其意识到自己是一个陌生交际行为的观察者"，具体又包含"逐行对照翻译"（die Interlinearversion）、"逐词翻译"（die wörtliche Übersetzung）、"语文学翻译"（die philologische Übersetzung）和用于向目的语接受者再现文学文本地方色彩的"异化翻译"（die exotisierende Übersetzung）。"工具式翻译"旨在将译本作为目的文化中的交际行为工具，用于实现特定的交际目的，并且无须使目的受众意识到其所面对的是翻译文本。"工具式翻译"包含"功能相同式翻译"（die funktionskonstante Übersetzung）、"功能相异式翻译"（die funktionsvariierende Übersetzung）和应用于文学翻译中，追求效果一致的"一致性翻译"（die korrespondierende Übersetzung）。"工具式翻译"方法使用的前提是原文和译文能够"兼容"（Nord, 2009：80-81）。

在目的原则主导下，译文与原文在多数情况下不再是1：1的仿写或对等关系（原则3），对等也不再是翻译过程所关注的焦点。取而代之的是译者对翻译目的的服从度，即"合适"（Adäquatheit）。而对等只是译本和原文功能相同情况下的特殊结果（Reiß/Vermeer, 1991：139-140）。

随着翻译过程评价标准的改变，考量翻译结果——译文的尺度也相应发生变化。译文首先必须要对目的语受众，尤其要对受众所处的具体情境而言有意义，并且能够为后者所理解和接受（原则4）（Reiß/Vermeer, 1991：113），因为这是翻译作为一种跨文化交际活动成功与否的前提。最后，在遵循翻译目的的前提下，译文须与原文呈现不可逆的摹写关系（原则5）（同上：115）。

通过对功能翻译理论基本原则的论述不难发现，翻译是一个宏观与微观相结合的过程。对原文与译文社会文化属性的重视与强调也因之贯穿了翻译全过程，从译前翻译目的的确定到翻译过程中的译文处理，再到译后的译文评价。因此，诺德认为翻译应隶属于应用文化学（Applied Cultural Studies），而不应该被视为应用语言学的子范畴（田璐、赵军峰，2018：87）。这种超越文本本身，从更宏观的视角看待翻译活动的观点有利于我们更深入地认识翻译活动的复杂性。但现有相关研究关注的依然只是文本（原文和译文），对于文本所处的社会缺乏深入的分析。这样的研究思路无疑与功能翻译理论思想背道而驰。

功能翻译理论对社会文化语境的重视与翻译的"文化学派""操纵学派"以及当下的"社会学派"在观点取向上并无不同，只是其他学派侧重于对翻译活动中社会文化因素及其成因的描写与分析，而功能翻译理论学派（尤其是诺德）则相较而言更关注社会文化因素对翻译实践以及译员培养的意义与价值，因而也具有更强的实践指导性[①]。

---

① 由实用性引发的对功能翻译理论规定性的批评一方面源自功能翻译理论，尤其是目的论中所使用的部分过于绝对的语言表述形式及其适用于所有翻译类型的提法。费梅尔对此是有意为之。因为他对当时西方，主要是德国学界完全依照传统语言学理论来进行翻译研究和翻译教学的现状深感不满。本着"不破不立"的原则，费梅尔不仅在其著述中采用了新的术语，如"目的"Skopos，并且使用了诸多挑战性言辞。这些做法不仅招致学界对其理论的批评，也对其学术生活产生了影响（王建斌，2010：81）；规定性的批评另一方面源自诺德功能理论的实践导向性，但诺德认为对于译员培训而言，理论有必要具备一定的规定性，并且这种规定性是基于前人的描述性翻译研究的（卞建华，2006：45）。

2.3 译者的"忠诚"

对于译者面对原文时的权利问题,功能翻译学派内部存在分歧。与赖斯、费梅尔和诺德不同,曼塔莉在其"翻译行为理论"中将原文完全视为实现翻译目的的工具,极端情况下甚至不需要原文的存在。因此,译者在面对原文时享有绝对自由(Holz-Mänttäri, 1984:42)。学界对功能翻译理论"不尊重原文""使译者为达目的,不择手段"的批评也多由此而来。对于曼塔莉的观点,诺德明确表示,不基于原文的"翻译行为"不能被称为翻译(Nord, 2009:30)。就此而言,学者认为诺德对曼塔莉翻译行为理论十分认同的观点同样是一种误读(付仙梅、付莹喆,2013:120)。

为了限制与修正过于激进的功能主义,诺德在"功能"的基础上提出"忠诚"(Loyalität)概念。有别于"'忠实'(Treue)所指的原文、译文间的模仿关系,'忠诚'属于人们共同生活中的伦理范畴。翻译活动的所有涉及方,如作者、委托人和目的语接受者对翻译的期待会因文化不同而有所区别。译者的责任在于不使任何一方受到欺骗"(Nord, 2009:31)。译者的"忠诚"应体现在整个翻译过程中。在译前确定翻译目的时,译者需要核验原文和译本功能间的兼容性。如果存在兼容问题,译者需要表明立场,或者拒绝翻译任务。翻译过程中,译者要兼顾作者的表达意图、委托人的要求以及目的语接受者的期待。如果翻译涉及的三方之间存在分歧,译者须介入协调,以使三者达成共识,并将处理结果告知各方。至于译者何时需要对自己的处理方式加以解释,诺德(Nord, 1997:126-128)曾列举两个实例来加以说明。第一个例子中译者应出版社的要求将原作者对古巴卡斯特罗政府的兴趣与好感转换为译文中的批评态度。诺德认为译者的处理方式从根本上违背了作者的意图,因此译者至少应在译本中加以说明,或者在一开始就与出版商协商甚或是拒绝翻译任务。而在第二个例子中译者考虑到目的语文本文体特点弱化处理了作者意图,将原文的"令人作呕"(it makes one vomit)译为目的语的"几乎无法忍受"(almost unbearable)。在诺德看来,该例中译者并未在根本上违背作者意图,因此无须告知作者和译本接受者。然而,国内学者并未区别两个示例的不同之处,反而批评诺德的举例前后矛盾(李广荣,2010:48)。

从功能翻译理论的理论基础来看,"忠诚"代替"忠实"有其必然性。行为理论作为功能翻译理论的基础势必会使翻译活动中的行为主体,尤其是译者成为翻译活动的核心。译者表面上要处理的是原文与译文的关系,究其本质其实关乎的是自身与其他翻译涉及方之间已存在的和潜在的行为关系问题,即译者的职业伦理问题。传统译论中将人的因素排除在外的"忠实"概念显然无法概括译者行为的复杂性,也不能匹配于功能翻译理论。"忠诚"概念的提出则与功能翻译理论"以人为本"的核心思想相一致,其内涵在当下依然并未过时。在有关"忠实"内涵的最新讨论中,冯全功(2019:117)提出的"诚信"概念在本质上也属于译者的职业道德范畴,与"忠诚"概念有异曲同工之处。

2.4 功能翻译理论中的文学翻译

国内学界普遍认为功能翻译理论适用于强调"功能"和"目的"的应用型文本翻译(卞建华、崔永禄,2006:84),而对于该派理论是否同样适用于文学翻译以及文学翻译批评,学界观点不一。从功能理论视角来看,"文学交际与非文学交际模式实际上差别甚微"(Nord, 1997:92),功能翻译理论同样适用于文学翻译及文学翻译批评。只是相较于非文学翻译,文学翻译更加受制于文化。无论是(文本)发送者的文学意图,还是接受者的文学期望都由各自所处的文化决定。译本的接受同样受制于受众的文化背景以及由文化背景决定的文化距离。再者,文学文本的功能呈现多元化特点,一个文学文本在其所处的共时和历时文化语境中可能拥有多种功能,如文学功能、社会功能、政治功能等,例如当下被视为儿童文学作品的《爱丽丝梦游仙境》在1856年首次出版时同时具有影射十九世纪社会现实的功能。

因此,译者在分析原文时不仅要充分理解作者的意图,更要准确把握目的语受众群体及其文学期待以及他们同源语文化的文化距离。在此基础上,译者才能结合预定的译文功能确定哪些原文功能可在目的语语境中实现,以及实现的先后顺序。至于之后采用何种方法来实现预定的译文功能,功能翻译理论并未给出统一答案,只是强调译者除了要顾及翻译目的之外,还要考虑到目的语文化中翻译传统的作用。如果目的语文化奉行的翻译理念是直接复制原文,那译者就不能过分意译。反之亦然。对于译者而言,协调两种文化在翻译理念上的差异是其责任,也是其"忠诚"的体现。而这种协调绝不是将某种文化理念强加于另一文化群体,进而避免片面的目的和文化帝国主义(Nord, 1997: 125)。

不过,多数情况下,文学翻译使用的方法多是"文献式翻译"和"工具式翻译"的结合。因为一般而言,文学翻译追求的目标一方面在于为目的语接受者保留原文的"异国情调",从而在内容层面建立文化距离;另一方面则是尽可能在目的语文学的文体规范框架下再现原文的风格特点,以避免形式层面的文化距离(Nord, 1993: 25)。这一表述也澄清了学界对功能翻译理论的两个误解——第一,功能翻译理论等同于改写理论;第二,"文献式翻译"与"工具式翻译"是二元对立的,不存在中间道路(吕凤仪、何庆机,2009: 472)。

综上可知,功能翻译理论视角下的文学翻译具有历史性、动态性和文化专属性,也因之更加复杂。这对译者提出了更高的要求,同时也意味着文学翻译活动成功与否更加依赖译者的主体性选择。

以此来看国内有关功能翻译理论对文学翻译适用性的研究,其局限性便较为明显。首先,理论研究多孤立地围绕"文本类型""翻译目的"以及"忠诚"等概念展开,而没有以发展和系统眼光来看待功能翻译理论。如吕凤仪(2009)、刘嫦(2009,2011)认为,功能翻译理论对文学翻译具有更强的解释力,但却转而借用操控学派的理论来划分影响文学翻译的宏观因素(历史背景、政治影响、意识形态)和微观因素(译者的翻译观)。然而,诺德在其著作中不仅明确提及了这些宏观因素,并且分别在文本外部因素中的"地点"和"时间"因素中对其加以举例强调(Nord, 2009: 68-70)。

其次,实证研究总体而言仍拘泥于文本层面的分析,对于文本外因素,尤其是译者关照不足。文军(2003a,2003b)、吴文安(2003)、陈刚（2004）等均从功能翻译理论视角出发，对同一原作（《飘》《苔丝》《红楼梦》）的不同译本进行比较分析，但都忽略了对译者、译作诞生的社会文化背景以及身处其中的读者进行分析。例如，《苔丝》两个译本除译者不同之外，其诞生时间更是相差了30余年。这期间的社会变迁和读者期待的变化却为作者所忽视，无疑使其分析略显片面。吴南松（2003）以对晚清小说的翻译为例来论证功能翻译理论对文学翻译批评的适用性，作者虽然指出了功能翻译理论将翻译置于动态文化背景下的积极意义，但在分析影响晚清小说翻译的宏观因素时并未运用功能翻译理论，而是使用操控学派的翻译惯例、社会惯例和文学惯例等概念来展开论证。上述因误读功能翻译理论所导致的不当论证使学者得出了功能翻译理论对文学翻译适用性有限的结论（何庆机，2007：19）。这一方面再次反映出重新审读功能翻译理论的必要性；另一方面也表明有关功能翻译理论对文学翻译以及文学翻译批评适用性的合理论证仍有待后续研究补强。

3. 结语

德国功能翻译理论超越文本和语言本身的理论视角揭示出翻译活动的复杂性，是推动20世纪90年代翻译研究文化转向的重要力量，并且为翻译学成为一门独立学科做出了不可替代的贡献。在其进入中国30年后的当下，通过重新阅读原著，我们一方面澄清了国内学界对该理论的诸多误读之处；另一方面可以发现功能翻译理论不仅没有丧失其现实意义，反倒不断为新的研究证实其超前性和适用性。

以今日之视角回看德国功能翻译理论，除了具体的理论观点之外，其最大的贡献还在于首次在学理上合理而又明确地将翻译活动中的三大核心要素融入一个系统化理论体系中。这三大要素分别为翻译主体（任务委托人、译者、译文接受者等），文本和翻译所处的社会文化语境。今天的翻译研究虽然呈现各有侧重、百花齐放的态势，但就其所涉的主题上看，依然没有超出这三个要素领域。在当下"翻译中国"的时代背景下，作为兼具纯理论和应用理论特点的德国功能翻译理论体系不仅能在实践层面为中国更快、更好地走出去提供借鉴，并且可在理论层面为中国的对外翻译话语体系建构提供诸多启示。

参考文献

[1] Gentzler, E. *Contemporary Translation Theories*[M]. Shanghai: Shanghai Foreign Language Press, 2004.

[2] Holz-Mänttäri, J. *Translatorisches Handeln. Theorie und Methode*[M]. Helsinki: Suomalaien Tiedeakatemia, 1984.

[3] Nord, C. *Textanalyse und Übersetzen. Theoretische Grundlagen, Methode und didaktische Anwendung einer übersetzungsrelevanten Textanalyse*[M]. Tübingen: Julius Groos Verlag, 2009.

[4] Nord, C. *Translating as a Purposeful Activity. Functionalist Approaches Explained*[M]. Manchester: St. Jerome Publishing, 1997.

[5] Nord, C. *Einführung in das funktionale Übersetzen*[M]. Tübingen/Basel: Francke, 1993.

[6] Reiß, K. *Möglichkeiten und Grenzen der Übersetzungskritik*[M]. München: Max Hueber Verlag, 1971.

[7] Reiß, K.,& Vermeer, H. J. *Grundlegung einer allgemeinen Translationstheorie. 2. Auflage*[M]. Tübingen: Max Niemeyer Verlag, 1991.

[8] 卞建华. 关于翻译目的论相关问题的讨论——与克里斯蒂安·诺德教授的四次网上交流 [J]. 中国翻译, 2006(1): 44-46.

[9] 卞建华, 崔永禄. 功能主义目的论在中国的引进、应用与研究（1987—2005）[J]. 解放军外国语学院学报, 2006(5): 82-88.

[10] 陈大亮. 针对翻译目的论的一种批判性反思——兼论文学翻译主体性的困境 [J]. 西安外国语大学学报, 2007(3): 49-52.

[11] 陈刚, 胡维佳. 功能翻译理论适合文学翻译吗？——兼析《红楼梦》咏蟹诗译文及语言学派批评 [J]. 外语与外语教学, 2004(2): 43-45.

[12] 陈静, 黄鹂鸣, 尚小晴. 国内译者行为研究20年可视化分析 [J]. 外国语文,

2021(6): 113-121.

[13] 冯全功. 翻译忠实观：争议与反思 [J]. 解放军外国语学院学报，2019(3): 109-119.

[14] 付仙梅，付莹喆. 交际理论对德国功能学派翻译理论的影响 [J]. 外国语文，2013(4): 118-121.

[15] 何庆机. 国内功能派翻译理论研究述评 [J]. 上海翻译，2007(4): 16-20.

[16] 李广荣. 德国功能翻译理论误读误用的反思 [J]. 天津外国语大学学报，2010(1): 42-48.

[17] 廖七一. 当代英国翻译理论 [M]. 武汉：湖北教育出版社，2001.

[18] 刘嫦. 论文学翻译批评标准的革新 [J]. 当代文坛，2011(4): 121-123.

[19] 刘嫦，赵友斌. 功能翻译理论给文学翻译批评的启示 [J]. 外语学刊，2009(2): 108-111.

[20] 刘云虹，许钧. 走进翻译家的精神世界——关于加强翻译家研究的对谈 [J]. 外国语，2020(1): 75-82.

[21] 吕凤仪，何庆机. 德国"功能派"翻译理论对文学翻译适用性的学理研究 [J]. 浙江理工大学学报，2009(3): 471-475.

[22] 诺德. 译有所为——功能翻译理论阐释 [M]. 张美芳，王克非主译. 北京：外语教学与研究出版社，2005.

[23] 田璐，赵军峰. 新世纪的功能翻译理论——克里斯蒂安·诺德教授访谈录 [J]. 中国翻译，2018(4): 86-90.

[24] 王建斌. 泰山北斗 一代通儒——缅怀德国功能派翻译理论创始人汉斯·费梅尔教授 [J]. 中国翻译，2010(3): 80-83.

[25] 王克非. 翻译研究拓展的基本取向 [J]. 外国语，2021(2): 69-74.

[26] 文军，高晓鹰. 归化异化，各具一格——从功能翻译理论角度评价《飘》的两种译本 [J]. 中国翻译，2003a(5): 40-43.

[27] 文军，高晓鹰. 功能翻译理论在文学翻译批评中的应用 [J]. 外语与外语教学，2003b(11): 48-52.

[28] 吴南松. 功能翻译理论及其在文学翻译批评中的适用性——以对晚清小说翻译的批评为例 [J]. 解放军外国语学院学报，2003(3): 69-73.

[29] 吴文安. 功能翻译理论与文学翻译 [J]. 广州大学学报（社会科学版），

2003(6): 46-50.

[30] 杨柳. 20 世纪西方翻译理论在中国的接受史 [M]. 上海：上海外语教育出版社, 2009.

[31] 张美芳. 功能加忠诚——介评克里斯汀·诺德的功能翻译理论 [J]. 外国语, 2005(1): 60-65.

On German Functional Translation Theory: Tracing Back to Its Source and Rectifying Its Name

Feng Xiaobing

(Xi'an International Studies University)

Abstract: German functionalist translation theory has been widely spread and accepted since it came into China in the late 1980s. However, due to the fact that most of the works of the theory are written in German, the language barrier leads to a lack of systematic understanding of its theoretical system, which leads to a lot of misreadings and misuses. This paper begins with the original works of German functionalist translation theory to trace to the sources of the controversial concepts of "text status" "translator's role" "translation ethics" and "functional translation theory and literary translation" with an attempt to clarify the misunderstandings and present the functional translation theory as it is and its practical significance.

Keywords: German functionalist translation theory; text status; translator's role; translation ethics; literary translation

国际口译研究进展报告（2015—2020）[①]

——基于 CiteSpace 的文献计量分析

戴嘉佳[②] **路 玮**[③]

（北京外国语大学；河北大学 / 北京外国语大学）

【摘　要】 通过以 SSCI 和 A&HCI 在 2015—2020 年间收录的 332 篇口译研究文献为数据样本，本文借助信息科学文献分析软件 CiteSpace，通过科学计量和内容挖掘，尝试绘制出国际口译研究的可视化知识图谱。文章较为客观地揭示六年内国际口译研究的高影响力文献、突发文献、高频关键词等内容的演进路径，在此基础上分析核心话题、新兴热点和前沿研究，旨在为我国口译研究的知识增量和学术发展提供基础文献分析层面的镜鉴与思考。

【关键词】 国际口译；研究成果；问题与总结；参照与镜鉴

[①] 本研究受教育部产学合作协同育人项目"法律翻译应用型人才培养特色研究"（编号：202101308007）和中国政法大学科研创新项目"法庭口译的制度建构及理论展开"（编号：19ZFQ74001）及中央高校基本科研业务费专项资金资助，也是 2018 年国家社科基金重点项目"大型中英连线口译语料库共享平台的创建与应用研究"（编号：18AYY013）和 2021 年度河北省高等学校英语教学改革研究与实践项目"本科口译教材建设中语料难度评测研究与实践"（编号：2021YYJG089）的阶段性成果。

[②] 戴嘉佳，北京外国语大学博士研究生，中国政法大学外国语学院翻译研究所副所长，讲师，研究方向为法律翻译、口译研究。

[③] 路玮，北京外国语大学博士研究生，河北大学外国语学院副教授，研究方向为翻译理论与实践、口译研究。

引言

口译研究作为新兴的翻译研究领域，虽历史不长，但却引起研究人员广泛的兴趣与关注。近年来，口译研究领域日趋扩大，场景逐渐细化，方法愈加多样。国内研究者除了需要紧跟信息技术在口译教学与研究中的应用，还需要时刻捕捉国际口译研究的热点与焦点，深入爬梳和挖掘前沿进展，进而明确国内外研究在发展方向、重点领域、方法设计等方面的差异。近年来，学界对国际口译研究状况展开了一定的梳理，也取得了一些高质量的成果（赵军峰、董燕，2020；张吉良，2011），但研究对象和文献时限的拓展还有提升空间。国际口译研究整体脉络的最近梳理文献发表于 2014 年（王斌华，2014），对 2015 年后的进展情况付之阙如。因此，本文尝试借助信息科学文献分析软件 CiteSpace，通过收集 2015—2020 年间在高影响力的国际权威翻译类学术期刊中刊载的口译研究型文章，对国际口译研究的新兴热点和前沿问题展开初步考察，以期推动我国口译研究的知识增量和学术发展。

1. 研究设计

CiteSpace 可视化分析方法能够描绘国际口译研究的图谱与轨迹，也可以为文献内容的进一步挖掘提供有效的分析工具。

1.1 科学知识图谱与 CiteSpace 可视化分析方法

知识图谱（knowledge domains）是显示科学知识发展进程与结构关系的一种图形，能够可视化呈现学科动态发展规律和潜在动力机制（陈悦等，2008：242-243）。作为绘制科学知识图谱的工具，CiteSpace 的可视化网络功能基于共引分析理论（co-citation）和寻径网络算法

（pathfinder）等，具有"图"和"谱"的双重特性：一方面呈现可视化的知识图形；另一方面展示序列化的知识谱系，从而显示"知识单元或知识群之间网络、结构、互动、交叉、演化或衍生等诸多隐含的复杂关系"（陈悦等，2015：242-243）。此外，CiteSpace在对文献的深入挖掘和内容分析中也发挥重要作用（侯剑华、胡志刚，2013：100）。

1.2 CiteSpace可视化分析方法在国际口译研究中的应用

1.2.1 数据来源

根据文献计量学中的布拉德福文献离散定律（Bradford's Law of Scattering），特定学科的关键文献通常分布在数量较少的期刊核心区（方曙、张娴、肖国华，2007）。为保证数据来源质量，本研究将数据源界定为被SSCI和A&HCI数据库收录的、影响因子较大的12本翻译学领域国际权威期刊（见表1），文献类型设定为研究型论文（article），时间跨度为2015—2020年。

表1 翻译学领域权威国际期刊

期刊名	2019年影响因子
Interpreting	0.947
Perspectives	0.654
Interpreter and Translator Trainer	0.658
Translation and Interpreting Studies	0.316
Babel	0.390
Across Languages and Cultures	1.160
Target	0.605
Linguistica Antverpiensia, New Series—Themes in Translation Studies	0.214
Meta	-
Journal of Specialized Translation	0.667
Translator	0.744
Translation Studies	0.941

1.2.2 数据提取

本次文献计量分析数据采集自美国科学情报研究所（Institute for Scientific Information, ISI）编制的科学引文数据库 Web of Science 核心合集。按照设定的期刊范围，通过检索、筛选和手动比对，排除书评、综述、社论等非研究性文献，共得到 2015—2020 年 332 篇在国际权威刊物上刊登的口译研究型文章及其引文，数据提取的截止时间为 2021 年 1 月 31 日。

1.2.3 数据处理

将提取的文献题录信息导入 CiteSpace 软件进行可视化处理和分析，展开关键词和突现词共现、文献共被引以及文献聚类等指标分析，绘制文献聚类、高频次与高中介中心性被引文献、突发文献等多元动态网络图谱，爬梳和描绘国际口译研究进程。同时基于传统的文献计量方法，并结合文献研究法和内容分析法，尝试整理文献主题分类与研究方法分类。

1.2.4 个案分析

基于 CiteSpace 生成的知识图谱，本研究针对关键文献[①]展开个案分析。

2. 国际口译研究的多维度分析

为了展现国际口译研究近几年的动态发展脉络，本文梳理了该领域的核心话题、新兴热点和前沿研究，对研究方法和主题归类，并借助 CiteSpace 对提取文献中的高影响力文献、突发文献、高频关键词等指标的演进路径展开多维度分析。

---

① 关键文献包括高被引文献、前沿话题、热点话题所涉文献和突发文献，重点梳理其所涉主题、理论视角和研究方法。个案分析有助于更深入理解 2015—2020 年期间国际口译研究呈现的规律，对研究趋势做出预测，为未来研究提供借鉴。

2.1 核心和热点文献分析

2.1.1 文献共被引分析

文献共被引是指两篇文献同时出现在第三篇施引文献的参考文献中，共被引文献的集合构成特定领域的知识基础。在聚类图谱中，左侧节点代表作者和发表年份，右侧节点代表主题，节点越大表示该主题在一段时间内研究者共同关注越多。

图 1 显示，频次前九的主题有"对话"（dialogue）、"翻译研究"（translation studies）、"视译"（sight translation）、"评分者"（rater）、"法律翻译"（legal translation）、"译员培训"（interpreter training）、"语言中介"（language brokering）、"方向性"（directionality）、"译员作为中间人的政治类新闻发布会"（interpreter-mediated political press conferences），它们反映了近几年国际口译研究在发展、演进过程中的核心主题。根据 Silhouette 值[①]，找到主题最为明确的领域是法庭口译、

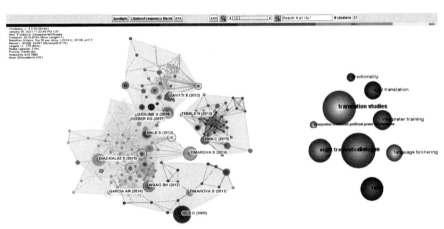

图 1　国际口译研究文献共被引聚类（2015—2020 年）

---

① Silhouette 值：聚类平均轮廓值，是由考夫曼（L, Kaufman）和卢梭（Peter J. Rousseeuw）提出的评价聚类效果好坏的一种方式。单个样本的轮廓系数（Silhouette）在 -1 和 1 之间：该值接近 1，说明样本聚类合理；接近 -1，说明样本应分类到另外的簇；接近 0，说明样本在两个簇的边界上。一般认为，Silhouette 大于 0.5 意味着聚类是合理的，大于 0.7 说明聚类是令人信服的（Rousseeuw, P. J., 1987）。

手语翻译、译员角色、方向性及译员培训。法庭口译与手语翻译研究由于其背景的专业性和单一性,文献间相似度高,研究凝聚力也较强。此外,译员角色和口译伦理研究正逐渐成为焦点话题。

2.1.2 关键词共现网络分析

关键词聚类可以识别特定时期内某一领域的热点话题(如图 2 所示)。关键词共现图谱显示:排在首位的聚类是"实现准确性"(achieving accuracy),这表明准确性依然是口译研究和讨论的热点话题。

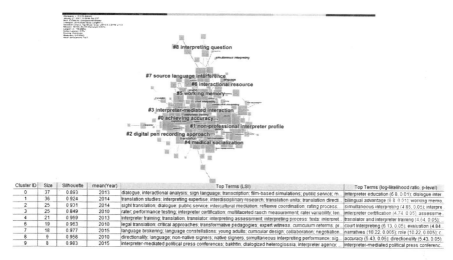

图 2　国际口译研究关键词聚类网络(2015—2020 年)

无论是何种口译形式(如传统或远程),何种口译场景(如教学、法庭、医疗、难民营),何种技术工具(如语料库、眼动、磁共振),何人承担译员角色(如职业译员、学生译员、临时译员),口译研究者的首要关注重点仍是准确性的实现及其实现程度等问题。排在第二位的聚类是"非职业译员简况"(non-professional interpreter profile),这反映出学界着眼于非职业译员这个仅次于口译本体研究的热点问题,这是由于现实生活存在大量的非职业译员,他们的口译能力与水平以及由此引发的一系列口译质量保障问题也受到高度关注。排在第三位的聚类是"以译员为中间人的互动"(interpreter-mediated interaction),越来越多的口译从业者通过自身经历来描述和探索译员的协调者身份，因而出现了大量相关案例研究。

2.1.3 高中介中心性关键词分析

关键词共现分析可以确定前沿热点。本文设定的中介中心性阈值是0.15，根据降序排列，可以看出近年国际口译研究出现了一些新的热点，包括资格认证、习得、互动、角色等。2015年的高频关键词（翻译、质量、交传、语言）的中介中心性逐渐变低，并被不断精细化的术语所替代；2016年后的文章更多地采用了更为具体的关键词，如2018年高中介中心性关键词：资格认证、工作记忆、影响、认知负荷等。

表2和图3详尽地呈现了六年间国际口译研究的其他高中介中心性关键词，大致可以分为几个层次：一是宏观层面口译职业化的进程，如准确性（0.38）、互动（0.27）等关键词。这类关键词自2015年起就开始成为国际学者普遍关注的热点问题；角色（0.25）也于2016年起成为热点主题；而资格认证（0.65）则从2018年开始成为焦点课题。这些关键词的转向，说明国际口译研究不断向着职业化进程迈进。二是微观层面的焦点逐渐由口译产品转向译员本身，如自我效能、译员定位、中立、操控、情绪、培训、发声清晰度、技术使用、机构影响等关键词，这体现了新时代下以人为本的理念。三是方法工具的不断革新，如2018年的关键词语料库（0.17），说明基于语料库的翻译学研究前景光明，并被广泛地运用在口译研究中（Abdughini & Yasen，2018：154）。目前，语料库口译研究已从研究人员零散作业、规模有限的"手工作坊"模式（Setton 2011：34）逐渐演进成多方参与、资源共享的"学术共同体"模式，从业研究者（practisearcher）、实践团体、研究人员的合作有助于进一步提高口译语料库研究的质量（Bendazzoli，2018：7），这种合作共享的研究模式将在未来持续成为语料库口译研究的常态（王克非、符荣波，2020：18）。此外，2019年出现的关键词"人工智能"（0.21）说明翻译技术也愈发受到研究者的关注。

在针对译员的研究中，部分国际文献采用了历史研究法，通过史料挖掘的方式对译员的经历展开分析。值得一提的是，近几年LANS-TTS

杂志刊载了一系列有关译员角色的研究，针对权力、机构、政治对译员的影响，口译职业规范以及战争等特殊场景下译员是否应遵守职业规范等课题展开专题探讨，这也表明针对译员本身的研究已一跃成为国际口译研究的核心课题之一。

表2　国际口译研究高中介中心性关键词（2015—2020年）

Count	Centrality	Year	Keywords | Noun Phrases
2	0.65	2018	accreditation
4	0.51	2015	acquisition
9	0.38	2015	communication
2	0.38	2018	validity
13	0.29	2015	court interpreting
8	0.27	2015	accuracy
7	0.25	2016	role
3	0.23	2017	challenge
7	0.21	2017	impact
2	0.21	2019	intelligence
14	0.20	2015	simultaneous interpreting
8	0.19	2018	working memory
5	0.19	2015	english
6	0.17	2018	corpus
6	0.15	2016	cognitive load

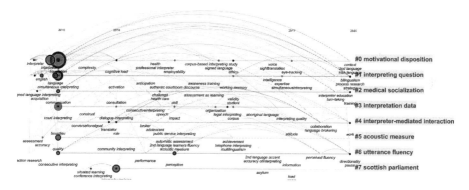

图3　国际口译研究高中介中心性关键词鱼眼图（2015—2020年）

2.1.4　高频次与高中介中心性被引文献

通过文献共被引聚类分析获取六年间国际口译研究的高中介中心性文献（图4），主要包括：Mellinger（2017），Cai（2015），Stavrakaki（2012），Timarova（2014），Han（2015），Hiavac（2013），Gallez

（2014），Wang（2012），Baraldi（2012），Pochhacker（2016）。表 3 呈现的是引用频次前十的文献。本文发现这一时期国际口译研究新兴的关注点集中在对话口译、法律口译、口译教学、口译认知四个方面；同时，口译学科研究方法开始逐步系统化、科学化，实验研究（如眼动跟踪仪、笔式记录仪）和案例研究成为最常用的研究方法。

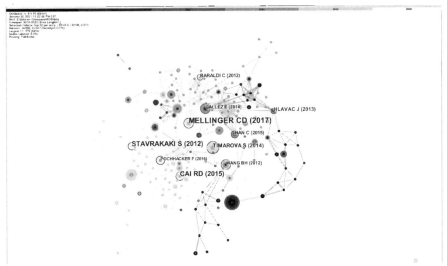

图 4　国际口译研究高中介中心性文献（2015—2020 年）

表 3　国际口译研究引用频次前十的文献（2015—2020 年）

Freq	Burst	Centrality	Σ	PageR...	Ke...	Author	Year	Title	Source	Vol	Page	HalfLife	Cluster
13		0.07	1.00	0.00		Hale S	2013	...	RES ME...	0	0	6	1
11	4.81	0.02	1.12	0.00		Gile D	2009	...	BASIC ...	0	0	7	7
10		0.03	1.00	0.00		Diaz-gal...	2015	...	INTERP...	17	1	4	3
9		0.03	1.00	0.00		Davitti E	2013	...	INTERP...	15	168	5	1
8	1.95	0.14	1.29	0.00		Timarov...	2014	...	INTERP...	16	139	5	3
8		0.05	1.00	0.00		Baraldi L	2012	...	COORD...	0	1	6	1
8		0.04	1.00	0.00		Braun S	2013	...	INTERP...	15	200	6	1
8		0.00	1.00	0.00		Baker M	2010	...	TRANS...	16	197	6	8
7		0.19	1.00	0.00		Mellinge...	2017	...	QUANTI...	0	0	2	4
7		0.12	1.00	0.00		Gallez E	2014	...	INTERP...	16	49	3	6
7		0.12	1.00	0.00		Wang BH	2012	...	META	57	198	6	5

2.1.5　突发文献的分析

突发文献分析有助于识别特定时间内研究者关注度突然增加的文献或主题。如果突发期一直延续到当前，则可以认为在未来一定时期内某一文献主题还将持续成为热点，进而预测未来趋势。图 5 中，2017 年、2018 年持续两年对 Gavioli 和 Baraldi 2011 年的文章给予了突出引用。由于该文特别强调了对话译员的协调职能，因而也在一定程度上反映出近几年学界对于对话口译以及译员协调者身份话题的关注。2018—2020 年，学界的突出关注话题转向了口译本体研究，即工作记忆和认知，直接的证据就是 Timarová et al.（2014）对这一突现文献的大量引用，由于这一突发期仍未结束，我们有理由相信工作记忆和认知这一话题将在未来持续受到研究者的青睐。

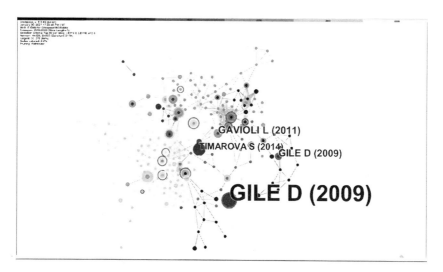

图 5　国际口译研究突发文献（2015—2020 年）

2.2　研究主题的分类分析

本文采用主题分类法对收集的国际口译文献进行主题分类，并结合重要节点文献聚焦国际口译研究前沿热点。

基于文献研究和内容分析,将主题分为14大类(见图6)。从图6可知,国际口译研究主要聚焦于公共服务口译(社区口译)、口译教学、口译员角色、口译质量测评、会议口译、口译认知过程等,而口译技术、口译语料库、口译能力、视译等主题研究数量相对较少。

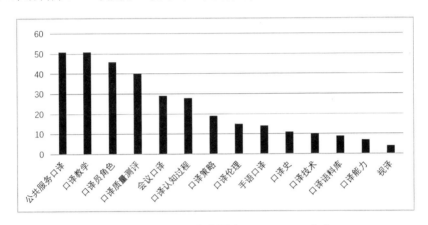

图6 国际口译研究主题(2015—2020年)

基于2.1.4高频词与高中介中心性被引文献,本文选取这一时期国际口译研究四个前沿热点,回溯相关话题的起始节点文献。

2.2.1 对话口译

Davitti(2013)就对话口译的三个案例展开论证,提出译员不仅要传递言语内容,还要发挥重要的协调中介作用。Claudio Baraldi & Laura Gavioli(2012)讨论法庭、电视节目、工作会议等不同场景下的对话口译,论证了译员的身份地位问题。事实上,从Wadensjö(1998)开始,对话口译研究逐渐将关注点从语言准确性转到不同场景下的译员互动。

2.2.2 法律口译

Sabine Braun(2013)采用实验研究法调查法律类远程口译,比较了传统口译与远程口译的翻译质量。研究发现随着口译时间推移,远程口译质量急速下降。Gallez & Maryns(2014)通过一项案例,探讨了口译使被告的口述风格发生偏离，影响陪审团对被告发言真实性的判断。

2.2.3 口译教学

Cai et al.（2015）探讨了口译初学者记忆技能、二语水平、词汇提取在交替传译中的作用。Díaz-Galaz et al.（2015）对比了 7 名职业译员和 16 名口译学生的同传，探讨了译前准备对同传的影响。作为口译研究的经典文献，Gile（2009）提出的"认知负荷模型"常被用做口译实践的解释性工具，或被引为口译教学的理论基础。

2.2.4 口译认知（工作记忆）

Timarová et al.（2014）探究工作记忆的中央执行系统（central executive），发现同传的某些可测特征与该系统有关，也印证了专注力是同传过程的重要组成部分的说法。Hervais-Adelman 等人（2015）通过功能磁共振成像纵向研究大脑的可塑性，发现长期、高强度的同传训练对大脑结构中的功能是有影响的。Stavrakaki et al.（2012）关注工作记忆与语言流畅性，发现同传译员的语义处理能力和工作记忆能力普遍优于外语学习者。

2.2.5 战争口译

Mona Baker（2010）将视角转入到战争背景下的口笔译人员的定位和角色上，发现这些口笔译人员保留了自身能动性，并以各种方式行使权力。此后，战争背景下的口译活动和口译员研究逐渐显现热度。

2.3 研究方法的类型化梳理

本文对文献所采用的研究方法从性质上分为定性、定量以及定性加定量的混合方法。在此基础上，具体研究方法细分为 14 种。从图 7 可知，定性研究占全部研究的 50% 左右，定量研究占 30%，混合研究数量最少，占比略高于20%。从图8可知，在具体的研究方法层面，国际口译研究主要采取实验法、问卷调查、文献综述、文本分析、语料库、访谈等，其中采用实验法和问卷调查法的研究均不低于50篇；相比之下，采取观察法、对比分析、焦点小组、眼动仪、民族志等的论文数量较少，均低于10篇。此外，其他类的研究方法属于兜底性表述，涵盖了历时性研究、日记研究、有声思维、理论思辨、行动研究、开放式讨论、神经认知、行为研究等，这些研究方法一般仅在一到两篇论文中出现。

传统口译研究侧重于理论思辨，即Gile所指的"推测性论证"（speculative theorizing），而较为缺乏系统科学的研究方法。随着口译学科的兴起，介绍研究方法的著作受到研究者的一致推崇。Sandra Hale and Jemina Napier（2013）为研究者提供了详尽的科学研究方法操作指南；Mellinger（2017）讲解了定量研究方法。因此，口译研究逐渐迈入系统的理论推演或实证的检验论证时期。这对于口译研究提高研究质量，进而提升其学术地位，有着极为重要的作用。另外，由于口译实验研究常常需要评分员介入，并为实验参与者的口译表现评分，鉴于评分的信度缺乏严格的标准，以至于实验结果可靠性也常常受到质疑。Han（2015）采用Rasch测量方式来确定口译评分员可能出现的问题，对于规范口译实验有着积极意义。

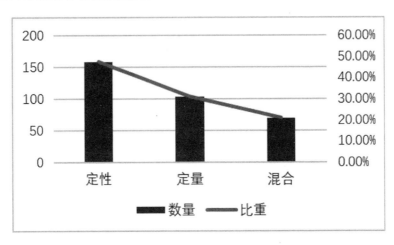

图7　国际口译研究方法性质分类（2015—2020年）

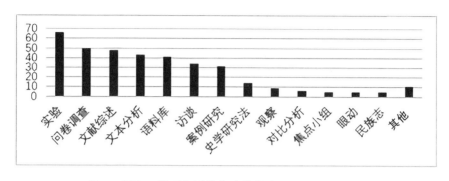

图 8　国际口译研究具体方法分类（2015—2020 年）

3. 国际口译研究总结及其问题

这一阶段国际口译研究的领域日益扩大，主题逐渐精细化，方法不断革新，理论视角多元丰富，但同时仍然存在一些问题。

3.1　国际口译研究总结

3.1.1　开始关注译员本身，包括角色、定位及立场

译员本身的研究越来越受重视，探讨的话题包括译员口译经历历时整理分析、译员受到的影响因素（机构、意识形态、工作条件、文化、教育背景、情绪）、译员站位的空间安排、译员主动性、译员职业满意度等，体现了新时期口译研究以人为本的面向。值得一提的是部分国际文献采用了历史研究法，通过史料挖掘对译员的经历展开分析。LANS-TTS 杂志近几年关注译员角色研究，针对权力、机构、政治影响下译员是否遵守职业规范，以及是否有必要遵守职业规范等话题展开专题探讨。

3.1.2　主题逐渐精细化

2015 年出现次数较多的关键词"翻译""口译""质量"，被各类具体的专技词汇所代替，如"资格认证""非流利""法庭口译""自我修正

策略"等。

3.1.3　方法多属于定性研究且出现实证性研究手段

方法多属于定性研究的文章，具体包括访谈、问卷、案例、文本分析等。同时有文章采用了语料库、眼动、认知神经学方法（如皮肤电反应 GSR）等实证性研究手段。

3.1.4　理论视角多元丰富

理论视角包括语言学视角（系统功能语言学、语用学、批评话语分析、语篇分析），社会学视角（布尔迪厄场域、关系、资本、行为研究），二语习得视角（任务教学法、二语熟练度），神经学视角等。

3.2　存在的问题

3.2.1　部分术语未统一，概念有待厘清

例如，译员角色、立场、站位研究分别使用不同的英文表述：role，positioning，positionality，stance-taking，spatial arrangement，spatial positioning。其中，positioning意义不唯一，既包括空间上的站位，也包括口译时的立场，因而容易引起混淆（Cowley 2016；Luchner & Kherbiche，2018；Kujamäki，2016）。另外，口译技能、能力、策略、技巧、专业技能等研究已形成一定规模，但大多数研究仍未明确这些同类术语之间的区别（Magnifico & Defrancq，2019；Guo，2014；Li，2019）。

3.2.2　对非职业译员的关注度仍有待提高

不同于传统会议对译员职业素养有着较高的要求，在社区口译场景中（如法庭、警局、医院等社会服务机构内）非职业译员承担了大量的口译任务，因此有必要进一步将研究视野投射在非职业译员上。

3.2.3　口译过程参与方研究比较零散，暂未形成体系

口译过程中参与方是互相影响的。相关影响的产生方式及其原因值得深挖。另外，部分研究借用系统功能语法如评价理论分析源语发言中

特定词汇的运用及其所反映的权力关系、立场态度及意识形态,并讨论相应口译策略,但针对超语言信息的翻译策略探讨不多,且不充分(Hlavac,2017)。

3.2.4 部分研究设计不够规范

对手语译员自言自语(self-talk)现象的研究,部分研究设计不够规范,未考虑关键变量因素,如性别、年龄、经历、教育背景等(Maddux & Nicodemus,2016)。

3.2.5 口译方向性及语对研究的规模较小

据认知神经科学的研究,译入母语和外语是依赖于不同的大脑通道而各自加工并产出,不同方向的口译必定会涉及不同的变量及基本条件(Chen,2020),因此需拓展此类研究的规模。

4. 国际口译研究对国内研究的参照意义

借鉴国际口译研究的进展,我国的口译研究可从以下几个方面进一步展开。

4.1 深度探索多元主题

国内研究应在主题多样性和研究层次深刻性两个维度与国际前沿研究保持同步,并期待突破(张威,2011)。除了口译教学、口译认知等热点外,值得关注的课题还包括口译职业化的发展趋势及面临的挑战(如规范制定、职业伦理、认证培训等),公共服务口译(社区口译、法律口译),译员角色及译员与交际各方关系,人工智能等前沿技术在口译实践及教学场景的应用等。译员角色研究可以从多维度展开,如从微观人际关系和宏观社会情境层面对译员角色展开重新认识,考察口译职业伦理规范及译员职业道德问题,从机构导向、交际关系等多维视角分析特定口译场合、特定口译模式下译员的隐身性和中立性，以及译员在社会道德空间中发挥的作用等。另外，多模态、跨模态口译语料库的建设对推动口译教学、研究和实践的应用价值已逐渐得到认可，语料库如何提高口译学员语言能力、语料库对译前准备的重要性和意义、口译过程中影响交际效果的社会文化因素等话题也值得深入挖掘和研究。

4.2 树立科学方法论意识

当前，实证性研究方法已成为国际口译研究的主流，新方法不断涌现（如皮肤电反应、笔式记录器、眼动跟踪法）；国内现有的研究方法论意识还相对薄弱，实证研究较为缺乏，抽象分析及经验总结较多。口译研究策略宜从主观的抽象总结转向以实证为基础的客观描写分析，更加注重强化对调查、观察、实验等实证研究方法的运用，增加质性和量化研究多元互证或混合研究（任文，2019），增强研究设计的科学性、合理性、专业性。

4.3 融入跨学科路径

现有研究的跨学科路径较为局限，借鉴语言学、心理学、社会学为主，且跨学科应用的文献局限于理论介绍、套用和宏观论述（张威，2011）。在进一步拓展跨学科借鉴，吸收人类学、文化研究、传播学、符号学等不同学科知识的同时，更重要的是明确以口译本体研究为核心，参考相关学科的思维方式及研究工具，提高口译跨学科研究的质量（张威，2012）。除了对其他学科理论概念的借鉴，口译研究方法也可融入跨学科研究范式，如人类学研究范式：田野调查、民族志、跨文化比较等。

4.4 理论研究向实践、教学的转化应用

国内口译研究人员身份较为单一，多为高校翻译教师，缺乏研究团

队合作、产学协同和国际协作，需要鼓励从业人员、研究者、科研团体、口译服务购买方资源共享，通过建立多方参与的"学术共同体"强化口译研究的问题意识，打破研究语料获取等方面屏障，促进口译研究成果在口译教学、培训、实践环节的转化，并进一步提升研究的国际影响力。

4.5 借鉴多元研究视角

国际口译研究视角呈现多元的特点，借鉴多元化理论模型有助于国内口译研究者从多元维度解读问题。国内研究者应特别关注国际口译研究社会学转向及其对研究视角的拓展，如批判性话语分析、叙事理论、行动者—网络理论、戈夫曼角色与分类模型、口译互动模型等新理论和分析手段（张威、刘宇波，2021）。

5. 结语

本文借助 CiteSpace 可视化计量软件，对 2015—2020 年间 12 种高影响力的国际权威翻译类学术期刊中刊载的口译研究型文章展开定性和定量考察，绘制出国际口译研究 2014 年之后进展的科学知识图谱，梳理整体脉络和趋势。同时，本文通过寻找最具影响力的核心文献、突发文献和热点主题，厘清国际口译研究的关键转折并探测近年来的前沿课题，把握国际口译研究的动态。基于可视化分析和个案分析，可以发现 2015—2020 年间国际口译研究领域逐步多元，主题日益精细，方法持续革新，理论视角多元丰富，但仍存在术语概念未统一、研究设计不规范，以及对方向性、非职业译员、手语译员等口译活动其他参与方的关注不足等问题。国内口译研究历史更为短暂，本文借鉴国际研究的成果，从主题多样性、方法科学性、跨学科路径、成果可转化性和理论视角多元性等方面对国内研究做出展望。

参考文献

[1] Abdughini, A., & Yasen. W. Corpus-based approaches to translation and interpreting: From theory to applications[J]. *Perspectives*, 2018, 26(1): 153-155.

[2] Baraldi, C., & Gavioli. L. *Coordinating Participation in Dialogue Interpreting* [M]. Amsterdam & Philadelphia: John Benjamins, 2012.

[3] Bendazzoli, C. Corpus-based interpreting studies: Past, present and future development of a (wired) cottage industry[A]. In Russo, M. et.al (Eds.). *Making Way in Corpus-based Interpreting Studies*[C]. Singapore: Springer, 2018: 1-19.

[4] Braun, S. Keep your distance? Remote interpreting in legal proceedings: A critical assessment of a growing practice[J]. *Interpreting*, 2013, 15(2): 200-228.

[5] Cai, R. D., et al. Factors contributing to individual differences in the development of consecutive interpreting competence for beginner student interpreters[J]. *The Interpreter and Translator Trainer*, 2015, 9(1): 104-120.

[6] Chen, C. M. Science Mapping: A systematic review of the literature[J]. *JDIS*, 2017, 2(2): 1-40.

[7] Chen, S. J. The impact of directionality on the process and product in consecutive interpreting between Chinese and English: Evidence from pen recording and eye tracking[J]. *The Journal of Specialised Translation*, 2020 (34): 100-117.

[8] Cowley, P. Declining the interpreter's role in World War I[J]. *Linguistica Antverpiensia, New Series: Themes in Translation Studies*, 2016(15): 72-88.

[9] Davitti, E. Dialogue interpreting as intercultural mediation: Interpreters' use of upgrading moves in parent-teacher meetings[J]. *Interpreting*, 2013, 15(2): 168-199.

[10] Díaz-Galaz, S., et al. The role of advance preparation in simultaneous interpreting: A comparison of professional interpreters and interpreting students[J]. *Interpreting*, 2015, 17(1): 1-8.

[11] Gallez, E., & M. Katrijn. Orality and authenticity in an interpreter-mediated defendant's examination: A case study from the Belgian Assize Court[J]. *Interpreting*, 2013, 16(1): 49-80.

[12] Gavioli, L., & C. Baraldi. Interpreter-mediated interaction in healthcare and legal settings: Talk organization, context and the achievement of intercultural communication[J]. *Interpreting*, 2011, 13(2): 205-233.

[13] Gile, D. *Basic Concepts and Models for Interpreter and Translator Training*[M]. Amsterdam & Philadelphia: John Benjamins, 2011.

[14] Guo, T. Interpreting for the enemy: Chinese interpreters in the Second Sino-Japanese War (1931-1945)[J]. *Translation Studies*, 2014, 8(1): 1-15.

[15] Hale, S., & J. Napier. *Research Methods in Interpreting: A Practical Resource*[M]. London and New York: Bloomsbury Academic, 2013.

[16] Han, C. Using analytic rating scales to assess English-Chinese bi-directional interpreting: A longitudinal Rasch analysis of scale utility and rater behaviour[J]. *Linguistica Antverpiensia, New Series: Themes in Translation Studies*, 2017(16): 196-215.

[17] Hervais-Adelman, A., et al. Brain functional plasticity associated with the emergence of expertise in extreme language control[J]. *Neuroimage*, 2015(114): 264-274.

[18] Hlavac, J. Brokers, dual-role mediators and professional interpreters: A discourse-based examination of mediated speech and the roles that linguistic mediators enact[J]. *Translation Studies*, 2017, 23(2): 197-216.

[19] Kujamäki, P. "And then the Germans came to town": The lived experiences of an interpreter in Finland during the Second World War[J]. *Linguistica Antverpiensia, New Series: Themes in Translation Studies*, 2016(15): 106-120.

[20] Li, X. D. Analyzing translation and interpreting textbooks: A pilot survey of business interpreting textbooks[J]. *Translation and Interpreting Studies*, 2019,

14(3): 392-415.

[21] Luchner, C. D., & Leïla, K. Without fear or favour?: The positionality of ICRC and UNHCR interpreters in the humanitarian field[J]. *Target*, 2018, 30(1): 408-429.

[22] Maddus, L., & Nicodemus, B. "The committee in my head": Examining self-talk of American Sign Language-English[J]. *Translation and Interpreting Studies*, 2016, 11(2): 177-201.

[23] Magnifico, C., & Defrancq, B. Self-repair as a norm-related strategy in simultaneous interpreting and its implications for gendered approaches to interpreting[J]. *Target*, 2019, 31(3): 352-377.

[24] Rousseeuw, P. J. Silhouettes: A graphical aid to the interpretation and validation of cluster analysis[J]. *Journal of Computational and Applied Mathematics*, 1987(20): 53-65.

[25] Stavrakaki, S., et al. Working memory and verbal fluency in simultaneous interpreters[J]. *Journal of Clinical and Experimental Neuropsychology*, 34(6): 624-633.

[26] Timarová, Š., et al. Simultaneous interpreting and working memory executive control[J]. *Interpreting*, 2014, 16(2): 139-168.

[27] Wadensjö, C. *Interpreting as Interaction. On Dialogue-Interpreting in Immigration Hearings and Medical Encounters*[M]. Linköping University: Linköping Studies in Art and Science, 1992.

[28] 陈悦, 刘则渊, 陈劲, 侯剑华. 科学知识图谱的发展历程[J]. 科学学研究, 2008(3): 449-460.

[29] 陈悦, 陈超美, 刘则渊, 胡志刚, 王贤文. CiteSpace 知识图谱的方法论功能[J]. 科学学研究, 2015, 33(2): 242-253.

[30] 方曙, 张娴, 肖国华. 专利情报分析方法及应用研究[J]. 图书情报知识, 2007(4): 64-69.

[31] 侯剑华, 胡志刚. CiteSpace 软件应用研究的回顾与展望[J]. 现代情报, 2013, 33(4): 99-103.

[32] 任文, 郭聪, 黄娟. 改革开放以来中国口译研究40年考察[J]. 外语教育研

究前沿, 2019, 2(1): 27-37+88.

[33] 王斌华. 从施莱辛格的学术轨迹看国际口译研究的发展态势 [J]. 上海翻译, 2014(4): 60-63.

[34] 王克非, 符荣波. 语料库口译研究：进展与走向 [J]. 中国翻译, 2020(6): 13-20+190.

[35] 张吉良. 从研究方法看20世纪50年代以来的国际口译研究 [J]. 外语与外语教学, 2011(5): 63-68.

[36] 张威. 中外口译研究对比分析 [J]. 中国外语, 2011, 8(5): 94-101+106.

[37] 张威. 口译研究的跨学科探索：困惑与出路 [J]. 中国翻译, 2012, 33(3): 13-19+128.

[38] 张威, 刘宇波. 国内外口译研究最新进展对比分析——基于CiteSpace的文献计量学研究（2015—2019）[J]. 外国语, 2021(2): 86-98.

[39] 赵军峰, 董燕. 国际法律口译研究的回顾与展望（1995—2019）——基于11种SSCI/A&HCI收录期刊的计量分析 [J]. 上海翻译, 2020(5): 70-75+95.

Mapping International Research Outputs on Interpreting (2015—2020): A Bibliometric Analysis Using CiteSpace

Dai Jiajia   Lu Wei

(Beijing Foreign Studies University; Hebei University/Beijing Foreign Studies University)

Abstract: This bibliometric review examines 332 interpreting research articles published in SSCI and A&HCI journals between 2015 and 2020 via science mapping software CiteSpace. The paper intends to display visually international research outputs on interpreting and studies the high impact literature, burst literature, and high-frequency key words, etc. Building on an analysis of hot topics, as well as key and emerging researches, this paper serves as a general map of relevant international research outputs and attempts to provide references and recommendations on research directions for domestic researchers.

Keywords: international interpreting research; research outputs; problems and discussion; references and recommendations

翻译实践

远程同传在北京 2022 冬奥会中的应用[①]

孙曙光[②]　齐涛云[③]　梅建军[④]

（北京体育大学；北京第二外国语学院；
北京市人民政府外事办公室）

【摘　要】北京 2022 冬奥会大规模应用远程同传技术为赛时各类新闻发布会提供同传服务。为降低或避免译员在一般远程同传中遇到诸多压力与挑战，本届冬奥会采用一系列创新性举措，包括：(1) 开发云服务音视频融合管理系统；(2) 将信号源控制在单一来源点位；(3) 设立远程同传中心集中管理译员；(4) 实施周密的会务管理保障译员与相关人员之间的顺畅沟通。译员在冬奥会工作期间体验良好，圆满完成远程同传任务。远程同传的"北京冬奥经验"对未来其他大型国际体育赛事乃至国际交流活动都具有借鉴价值。

【关键词】远程同传；北京冬奥会；语言服务；同声传译

---

① 本文是北京社科基金项目"基于多模态语料库的同声传译停顿特征"（编号：21YYB002）的阶段性成果。
② 孙曙光，博士，北京体育大学国际体育组织学院副教授，北京冬奥组委语言服务处项目专家，研究方向为语言服务、国际体育组织、语言教学等。
③ 齐涛云，博士，北京第二外国语学院高级翻译学院副教授，研究方向为语言服务、同声传译等。
④ 梅建军（通信作者），北京市人民政府外事办公室二级调研员，时任北京冬奥组委对外联络部语言服务处处长。

引言

2022年2月4日至20日，第24届冬季奥林匹克运动会（简称"北京冬奥会"）在北京和河北张家口举行。北京冬奥会在全球新冠疫情大流行的背景下如期、安全、顺利举办，这期间大规模使用远程同传技术，成功为266场各类新闻发布会提供同声传译服务，总时长达11 085分钟。

在后疫情时代，国际体育赛事将成为远程同传的重要应用场景之一。本文以北京冬奥会为例，介绍和分析赛时新闻发布会远程同传的工作实践，旨在总结远程同传的"北京冬奥经验"，为其他国际体育赛事提供借鉴。

1. 远程同传概述

远程同传指同传译员与部分或全部会议参与者（包括演讲人或听众）不在同一现场，基于接收到的视频和（或）音频进行口译的一种同传模式（Setton & Dawrant, 2016：34）。由于所使用技术以及同传译员"在场"方式的不同，较早期的远程同传主要分为两种形式：（1）视频会议（video conference）场景下的远程同传。视频会议系统连接两个会场，译员处在其中一个会场（Braun & Taylor, 2012：28）。多数情况下，译员与多数与会者身处同一会场，为另一会场演讲人的视频发言进行口译。（2）远距同传间（remoting booth）场景下的远程同传。由于会议室设计不科学、会场空间不足等原因，同传间被安置在远离会场的地方；译员无法看到会场，通过耳机和显示器接收会场的音频和视频信号（Setton & Dawrant, 2016：34-36）。

近年来，迅速发展的在线会议平台技术催生了远程同传第三种形式：云端虚拟会议室场景。与会者远程分布在世界不同地区的电脑网络终端，译员在家中（或办公室）的电脑网络终端远程提供口译。2020年新冠疫情暴发后，第三种形式的远程同传数量猛增，真正成为口译职业现实的一部分（王小曼、王斌华，2021：105）。随着疫情逐步得到控制，为了满足不同国家和地区差异化防疫政策需要，国际会议常常采用线上线下结合的方式，会议主办方根据实际需要对上述三种远程形式灵活组合，从而达到最好的同传交流效果。

远程同传利用先进的技术手段，较之现场同传有其独特优点。自20世纪70年代始，联合国、欧盟、国际电联等国际组织及学术界对远程同传表现出浓厚的兴趣（姚斌，2011：36）。除了有效应对新冠疫情外，远程同传的网络平台还可以超越地理限制，客户和翻译公司可以聘请身处任何地区（外市、外省甚至外国）的口译员而不增加成本（洪岗、洪淼，2022：41）。欧盟从节能环保角度出发，也希望更多地采用远程同传，因为远程同传可以减少译员乘坐飞机或其他交通工具出行的频率，从而间接降低碳排放（姚斌，2011：33）。

然而，同传译员以及国际会议口译员协会（AIIC）等行业协会在过去很长一段时间里对远程同传持抵制态度（Setton & Dawrant, 2016：34）。欧盟译员在2022年6月30日甚至发起过针对远程同传的罢工[①]，原因是远程同传改变了口译员习惯的工作方式，对其造成额外的心理和生理压力。学界（如Moser-Mercer, 2003；姚斌，2011；洪岗、洪淼，2022）对远程同传给译员带来的压力也多有论及，可归纳为如下四项：（1）音视频信号质量不高，既影响译员听辨效果，也存在职业健康风险（如听力受损）；（2）工作环境与线下同传差异较大，译员"临境感"不强，导致"失控感"，更容易疲劳；（3）使用在线会议平台远程同传时，译员之间开展协作不便；（4）译员与讲话人或技术人员沟通困难，不利于开展译前准备及快速解决同传过程中遇到的各种问题。译员面对的这些压力是制约远程同传传译效果的重要瓶颈。

在线上线下结合的会议中，通过灵活组合三种形式的远程同传，可以在一定程度上消除远程同传带给译员的压力。实践中最常见的远程同传组合形式有两种：（1）形式3与形式1组合。比如，在中国境内举办

---

① 参见 https://euobserver.com/eu-political/155385，读取日期2022年7月1日。

的国际会议,绝大多数境内与会者可以到线下会场参会,境外与会者和少量境内与会者因为疫情防控政策等原因未能到场参会,通过在线会议平台参会。译员在线下会场的同传间工作。在此情景下,线上发言人数往往不多,线下会场的音响和网络配置也可以更好地确保远程发言者音频和视频信号的质量。译员因在现场工作而自然具有临场感,与搭档以及会务人员之间也没有沟通障碍。(2)形式3与形式2组合。比如,即便是完全的线上会议,在疫情防疫政策许可的情况下,普通商业客户或翻译公司也经常会要求两名同传译员到他们提供的标准化工作环境进行远程会议的同传工作。不少翻译公司还会在办公场所为译员搭建实体同传间。这样既避免了译员之间因不在同一场所而造成的配合上的诸多不便,也保证了工作环境网络稳定且不受干扰,还可以在很大程度上为译员创造"临境感"。

相较于一般国际会议,北京冬奥会呈现出"译员人数多、接力语种多、会议场次多、会场分布广、时间跨度久"等更为复杂的特点。此种复杂的情况可能会加剧远程同传诸项制约因素给传译效果带来的负面影响,而北京冬奥会能够顺利、出色完成所有远程同传任务,实非易事。组委会为了管控风险、提升传译效果,采取了哪些措施来降低译员在远程同传过程中的各项压力?本文拟回答这一问题——首先介绍和分析北京冬奥会在减轻译员压力方面的创新性部署,然后访谈译员团队成员,了解这些部署措施的效果。

2. 北京冬奥会远程同传

北京冬奥会历时17天,其间为266场各类新闻发布会提供远程同传。北京冬奥会在主媒体中心设置远程同传中心(Remote Interpreting Center),远程同传中心与遍布各场馆[①]的27个点位相连接构成远程同传系统。所有同传译员都在远程同传中心工作,各类发布会在27个点位举

---

① 包括竞赛场馆(如国家速滑馆)和非竞赛场馆(如张家口山地新闻中心)。

办。远程同传服务涵盖汉语、英语、法语、日语、德语、俄语、意大利语和朝鲜（韩）语共 8 个语种。每场发布会最多可提供 5 种语言的同传接力，接力语言固定为英语。除了会场现场听众可以收听发布会同传外，其他人员（包括代表团成员、注册媒体、运动员等）通过北京冬奥会新闻发布会视频服务系统（Info-AV）观看视频发布会时也可以选择相应同传语种。专业口译团队由 1 名首席口译官和 38 名译员组成，包括国内译员团队和国际译员团队。国内译员团队共有 13 名汉英互译译员；国际译员团队共有 26 名译员，提供英语与非汉语种互译服务。

远程同传中心赛时运行平稳流畅，经受住了实际工作的考验，获得国际奥委会高度认可和各利益相关方积极评价。冬奥组委分别在硬件（技术开发与设备部署）和软件（会务组织与后勤保障）两方面采取举措来"降低译员工作压力、确保远程同传效果"。

2.1 硬件

2.1.1 技术开发：音视频传输系统

同传系统是一套专业的硬件系统，包括讲者原音拾取设备、原音信号传输与控制设备、译员终端设备（包括译员用耳机和话筒等）、发送与接收设备。会议现场声音信号被拾取后，通过专用线路传输至译员耳机，译员基于听到的声音进行同传，译员终端的声音（包括同传音和原声）再通过发送设备发送到听众使用的接收机上。对于传统线下同传来讲，译员终端设备一般都设在会议现场，译员可以直接看到会场情况，讲者原音信号被拾音设备收集后，通过物理线路传到译员终端，译员终端声音则通过远红外设备发射到听众接收机上。

出于防疫需要，北京冬奥会新闻发布会的会议地点与译员工作地点不在一处。译员在北京主媒体中心，会议则分散在北京、延庆和张家口的各个场馆。在这种情况下，会议现场与译员终端之间需要同时传输音频和视频信号。音视频的传输有两种可能的实现方案：一是通过虚拟的在线会议平台实现；二是通过物理架设的实体网络专线实现。北京冬奥组委经过多方对比考察，选择了第二方案。为了实现这一方案需求，语言服务供应商基于国产化平台自主研发了云服务音视频融合管理系统，该系统的音视频信号传输过程如图9所示。

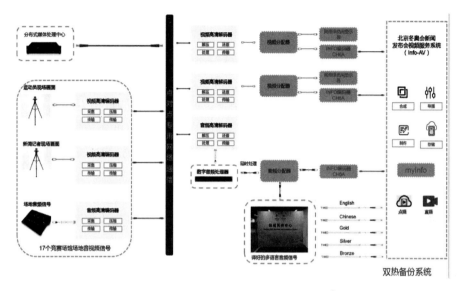

图9　远程同传音视频信号传输过程图[①]

该系统是全数字化的分布式网络架构，通过点对点专用网络（实体线缆）连接所有场馆。会议现场音视频信号被采集后，通过高清编码器压缩后稳定传送至主媒体中心，音视频信号经主媒体中心的高清解码器解压还原。还原后的音视频进入主媒体中心由译员翻译成不同的目标语言。同传音频通过高清编解码器的压缩和解压过程返回至场馆新闻发布会。同时，INFO编码器CH6A将会议现场的视频和多音轨音频（现场声音+同传语种）推送到Info-AV，利用云计算的存储、计算、网络传输等资源对音视频流进行合成、导播、制作及存储，并输出具有多音轨的音视频直播流，同时支持收录和点播[②]。

该系统核心引擎的自主知识产权归属北京冬奥会语言供应商，兼容性强，可支持H264/265、JPEG2K、AAC+、G711等多种协议，其应用可支持麒麟、鸿蒙、Android、Windows、IOS等多系统使用。编解码盒

---

① 图片来源：fiontu.corp.dav01.com/article/2022/07/a54644.html，读取日期2022年5月28日。
② 资料来源：fiontu.corp.dav01.com/article/2022/07/a54644.html，读取日期2022年5月20日。

子采用 H.264/H.265、AAC/G711 编解码技术。为了确保万无一失，整个系统采用双电源、双网络备份，系统运行时节点和服务器出现故障时，可实现无延时自动快速切换。在这些技术的支持下，该音视频融合管理系统实现音频处理的高音质、无卡顿、无回声、无噪声，视频画面的高画质、清晰、流畅，音视频同步无延时。

ISO20108:2017 对同传译员端的音视频输入质量做出具体要求[①]。比如，音频中不应有可感知的噪声和杂音，音量最大时信噪比不低于 95 分贝；视频中不应有模糊和凝固（freezing）现象。该标准还规定，在远程同传情景下音画之间应该同步，二者之间时差不应超过 45 毫秒；信号传输过程中编码和解码操作不应引起音画质量的感知下降等。2020 年新冠疫情发生后，远程同传需求激增，在线远程同传平台进入快速发展期。然而，由于网络不稳定性和技术不成熟性，在线远程同传平台短期内还难以实现与传统线下同传设备一样的音视频传输效果。国际口译员协会（AIIC）声称，远程接入会议大大降低了声音质量（the remote dialins have resulted in highly degraded sound）。欧盟具有高度专业的口译管理经验，即使这样的机构在疫情背景下启用的远程会议系统 Interactio 依然无法达到 ISO 标准，远程接入的参会人讲话声音质量差，导致欧盟译员 2022 年 6 月 30 日发起针对远程同传的罢工。

北京冬奥会通过订制开发云服务音视频融合管理系统、物理架设实体网络专线，目的是避免使用在线会议平台存在的音视频信号传输质量不佳的风险，从而消除现有远程同传技术给译员带来的第一项压力（见前文）。更加清晰的音视频信号，不仅可以提升译员的听辨效率，也保障了他们的职业健康。

2.1.2 设备部署：译员端设备

如前文所述，北京冬奥会所有的译员都集中在主媒体中心的远程同传中心工作。远程同传中心大厅设有 20 个同传箱，呈 U 字型排列，均安装在同一大厅内（参见图10）。20 个同传箱被分为 5 组，每组 4 个，

---

① 资料来源：https://www.cssn.net.cn/cssn/productDetail/07949733277917f5394c846d5321048e，读取日期 2022 年 6 月 29 日。

可同时为 5 场不同场馆的新闻发布会提供 5 种语言的同传服务。

图 10　远程同传中心同传箱排列

与传统线下同传箱一样，每个同传箱可容纳两名译员，均配有 1 个显示屏、2 个译员机（带有鹅颈麦）和 2 副耳机（参见图 11）。显示屏放置在译员工作台中间位置，固定显示会议现场主席台画面，供两名译员共同使用。为确保设备质量，同传箱及箱内全套设备（包括译员机、耳机）均由特别遴选的供应商提供。译员分别可以通过耳机和显示屏来接收发布会现场的音视频信号。音视频信号通过云服务音视频融合管理系统在会议现场和远程同传中心实时（或接近零延迟）传输，会场和同传箱彼此观看（收听）无感知延迟（毫秒级超低延迟），可以达到 ISO20108:2017 要求。

图 11　远程同传中心同传间内部

远程同传中心大厅 U 型排列的同传箱的开口处设有大屏幕（参见图 12）。大屏幕可以同时显示所有正在召开的多场新闻发布会的发言席和观众席，与同传箱内只显示发言席的显示屏形成互补。

图 12　远程同传中心的大屏幕

在通过在线平台实现的远程同传中，两名搭档译员身处同一个虚拟同传箱，但他们实际上往往身处不同的地点。这样的好处是两名译员无需车马劳顿赶往同一地点，但负面效应也很明显。首先，在这种环境下工作，译员之间缺乏沟通。有的平台（如 Zoom）不提供译员之间的换手功能，译员之间交流要同时开启另一个通信渠道（如微信）。即便有的远程同传平台（如 Interprefy 和 Kudo 等）提供译员之间的虚拟聊天室，在交流或换手时二者依然要通过打字或多次点击弹窗，对专注于工作的译员造成过多干扰（王小曼、王斌华，2021）。调查显示，译员认为，在这种"临境感"较低的环境下工作，更容易产生疲劳感和孤独感，产出同传译文质量更低（Moser-Mercer, 2003；EP Summary, 2005）；其次，个人所处的环境未必适于工作，比如在家中工作可能面临网络条件不理想或容易受到他人打扰等情况。最后，在自选地点工作时，身边没有技术支持人员，软件或硬件出现的技术问题不仅会给译员带来心理压力，严重时甚至可能使同传工作中断。

北京冬奥会通过建立远程同传中心，集中管理译员，让译员在与传统线下同传相同的实体同传箱工作。远程同传中心除了可以提供良好的工作环境与性能可靠的硬件设施外，还可以减轻译员压力：首先，远程同传中心提供实体同传间，同传间内小屏幕和大厅大屏幕向译员多角度展示会议现场情况，有利于译员产生"卷入"（involvement）和"沉浸"

（immersion）两种心理状态（周荣刚、张侃，2004），提高临境感，减少"距离感"和"失控感"。其次，在实体同传间工作，搭档译员之间的交流障碍不复存在，同传过程中遇到技术问题，现场技术人员也可以随时提供支持。

2.1.3 设备部署：会议端设备

新闻发布厅安装了 2 台 1080P 高清摄像机，一台安装在观众席后的高台上（参见图 13），用于拍摄主席台全景，另一台安装在主席台侧面，用于拍摄观众席画面。为确保会议现场与译员端之间音视频信号传输不出现问题，以下所有设备均为一主一备式安装。6 台音、视频编码盒子，主备各 3 台。2 条联通专线，一主一备，主线带宽 20M，备线带宽 10M。2 块同传信号发射板，一主一备，将同传音频信号发送到同传接收器。音视频编码盒子将现场音视频信号进行压缩并通过联通专线传输。被解码的同传音频发送设备与传统线下同传一致。各新闻发布厅均配备同声传译接收机若干套，确保现场观众人手一副，收听同声传译。

图 13　场馆新闻发布厅

实践证明，在线远程同传平台在多方拨入模式下，经常会遇到某一拨入方出现各种音画质量问题的情况，比如拨入方网络不稳定造成音视频信号卡顿、麦克风设置错误造成没有声音，或者回音大甚至出现啸叫声等。为了避免这些意外状况的发生，北京冬奥会远程同传系统把信号输入源限制在了新闻发布厅这一唯一来源点，信号来源的聚焦提高了整个过程的可控性。这一部署也是确保译员端音频信号质量的重要一环，为译员准确高效的听辨提供了保障。新闻发布厅的优质麦克风与高清摄像机确保了会议端信号的采集质量。译员端传入音视频信号质量依赖于两步：首要的一步是采集到高质量的现场信号质量；第二步才是音视频质量在传输过程不出现损耗。在传输设备可靠的情况下，只要控制好来源点的信号输入质量，便可确保译员端收到的音视频信号质量。

2.2 软件

2.2.1 会务组织

北京冬奥会做了周密的会务部署来保证远程同传工作顺利进行。各场馆均设语言服务经理一名，负责至少提前一天填写其所在场馆的《赛时远程同传申请单》，写明需要同传的会议名称、日期、具体时间和语种需求。主媒体中心设口译经理一名，从各场馆语言服务经理处收集远程同传需求。首席口译官负责调配国际译员；语言服务供应商派一名英汉口译协调员，负责调配汉英译员（参见图14）。如此分工主要是考虑到二者分别对所负责调配译员的特点和实际情况更熟悉，可以在知识领域、译员工作负荷等方面更为合理地匹配会议与译员。提前一天以上收集同传需求既有助于有序安排工作，也可给译员留出一定的时间进行译前准备。译员调配完成后，在此基础上制定《远程同传每日安排表》，并发至相关场馆和译员。同传译员分成早、晚两班，早班一般8点到岗，晚班一般15点到岗。这种轮班方式可以保证译员能够调整好自己的身心状态。

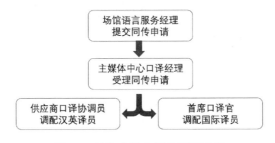

图14 同传申请和译员调配流程

2.2.2 后勤保障

同传设备供应商为每个提供同传服务的场馆配备两名技术人员，总计有 42 名远程同传设备技术保障人员服务冬奥。远程同传中心技术人员分为两班，每班工作 8 小时。每日早晨 7 时 30 分，远程同传中心技术人员开机，与将要开展远程同传场馆新闻发布厅的技术人员进行设备测试，调试音视频传输系统和推流到 MyInfo，确保系统稳定可靠。场馆技术人员在发布会前 1 个小时到达场馆调试设备，与远程同传中心技术人员测试设备。各场馆的语言服务经理提前半小时将参加新闻发布会发言人名牌发给口译经理，由其将名牌转告给口译员做最后的译前准备。译员提前半小时进入同传箱，做好译前准备。

3. 译员体验

为了更加准确全面地了解译员在远程同传环境中的工作感受，笔者在北京冬奥会结束后对远程口译团队中的三名英汉语对译员（本文用 I1，I2，I3 表示）分别进行了 40~60 分钟的访谈。访谈均有访谈提纲，笔者在访谈前告知受访者访谈的目的。三次访谈均使用腾讯会议进行，总时长 145 分钟，全程有录音，后均转写成文字。三名译员在感受方面共识度很高，普遍表示对硬件设备满意，与各方人员沟通顺畅。

对于传入译员端的音视频质量，译员认为很稳定。I1 从闭环开始共做了 38 场远程同传，他表示，他为三个赛区的新闻发布会都做过同传，全程音视频信号都很稳定，在赛时没有遇到过一次信号中断的情况，也没听说其他译员遇到过问题。I3 提到，之前本来以为远程同传会影响效果，但使用期间发现运行良好，感觉不到延迟。

关于工作环境的临境感，三名译员均表示，在开始工作前对工作环境有些担心，但实际上很快就适应远程同传的工作方式。他们还提到了冬奥会远程同传环境"干扰少"的优势。I1 表示，在做传统线下同传时，因同传箱处在会场，经常会有人在箱子附近走来走去，甚至会挡住箱子里译员的视野。"这些干扰在远程同传中心并不存在,那里很安静,工作氛围很好"。

译员在实体同传间工作,搭档之间不存在协作障碍。疫情之下,组委会对译员采取闭环管理,反而增加了译员之间的交流和互动。三名译员均表示,在闭环内不仅英汉语对译员团队之间交流较多,他们还有很多机会与国际译员团队有更多接触。因此,密切的工作协作不仅发生在搭档之间、同语种译员之间,也发生在不同语种的译员之间。I2 提到一个典型例子,在翻译一个有日本运动员参与的发布会前,日英译员去敲每一个箱子的门,提醒其他语种的同事,会议上日本运动员可能会提到教练、训练场所,以及训练内容等一些很细节的背景信息。如果不是在日本生活,很难了解到这些重要信息。日英译员的提前分享,让其他译员做到了更好的准备。事实证明,那次会上这些提醒内容全部都被提到了。

译员们认为,场馆语言服务经理的协调作用非常重要。他们会尽早收集会议上需要的材料并发给译员。赛后奖牌轮发布会的内容都是即兴的,发布会举办方也没有什么材料给译员。译员主要是靠自己在网上查找相关资料。这种情况下,场馆语言服务经理会第一时间把发布会的姓名牌发给译员。这些信息很有助于译员定向查找信息。

受访者一致同意,一般远程同传中译员面临的压力在冬奥会远程同传中大大降低甚至被完全回避了。同时他们还都对远程同传的高效印象深刻。I1 认为,远程同传实现了译员价值的最大化,译员可以实现一天做几场分布在不同场馆甚至不同赛区的发布会。由于交通和时间成本,这种情况在传统线下同传模式中是不可能实现的。I3 提出,远程同传更利于紧急情况的处理。比如,赛时如果远距离场馆出现临时同传需求,在线下同传模式下,临时把译员紧急调配到场馆面临很大压力,路途奔波也会导致译员体力消耗,不利于工作。远程同传模式对译员集中管理,住宿酒店和远程同传中心很近,译员可以很快到岗,省时省力。

首席口译官 Alexandre Ponomarev 自 2002 年就开始承担奥运会的口译任务。他表示,北京冬奥会的同传设备"在音视频信号及图像清晰度等方面比以往都有所提升"[1]。换言之,北京冬奥会的远程同传不仅不存

---

[1] 资料来源:https://news.dahe.cn/2022/02-17/967341.html,读取日期 2022 年 3 月 26 日。

在一般远程同传经常遇到的音视频信号质量不佳的问题,其信号质量甚至还优于其他历届奥运会的传统线下同传。

4. 结语

应用远程同传提供新闻发布会是北京冬奥会语言服务的重点基础项目(马德锋、薛城、何亮,2022)。北京冬奥组委开发了云服务音视频融合管理系统,将信号源控制在单一来源点位,设立远程同传中心集中管理译员,实施周密的会务管理确保译员与相关人员之间的顺畅沟通。通过这些创新性举措,一方面将远程同传给译员带来的压力与挑战降到最小;另一方面又将远程同传的优势最大化。译员在冬奥会工作期间体验良好,圆满完成了远程同传任务。

远程同传不仅有利于应对疫情带来的挑战,也可以节约成本、提升效率,体现了"绿色办奥"理念和可持续性。北京冬奥会比平昌冬奥会的译员数量减少了20余名。疫情之后,远程同传在短时间内成为会议口译的主流形式(王小曼、王斌华,2021)。国际奥委会已明确要求,未来奥运会的新闻发布会均应采用远程同传服务(赵雪彤,2022)。在这样的背景下,远程同传的"北京冬奥经验"不仅为未来奥运赛事和其他大型国际体育赛事提供了重要的样板参考,对其他国际交流活动的同传工作安排也有积极的借鉴作用。

参考文献

[1] Braun, S., &. Taylor, J. L. 2012. Video-mediated interpreting: An overview of current practice and research[C].//In Braun S. and Taylor J. L. (Eds.), *Videoconference and Remote Interpreting in Criminal Proceedings*, 33-68. Antwerp: Intersentia.

[2] European Parliament Interpretation Directorate. Report on Remote Interpretation Test [EB/OL]. https://www.europarl.europa.eu/interp/remote_interpreting/ep_

report1.pdf, 2001-01-25.

[3] Moser-Mercer, B. Remote interpreting: Assessment of human factors and performance parameters[EB/OL]. https://aiic.org/document/516/AIICWebzine_Summer2003_3_MOSER-MERCER_Remote_interpreting_Assessment_of_human_factors_and_performance_parameters_Original.pdf, 2003.

[4] Setton, R., & Dawrant, A. *Conference Interpreting — A Complete Course*[M]. Amsterdam/Philadelphia: John Benjamin, 2016.

[5] 洪岗, 洪淼. 远程会议口译的风险及防范 [J]. 上海翻译, 2022(4): 6.

[6] 马德锋, 薛城, 何亮. 零瑕疵、零故障: 科技为北京冬奥会语言服务赋能 [EB/OL]. http://stdaily.com/index/kejixinwen/202202/8854390460754d02874dd4cf575d69fa.shtml, 2022-02-28.

[7] 王小曼, 王斌华. 口译行业新动态: 远程会议口译主流平台及其技术 [J]. 中国翻译, 2021(5): 105-112.

[8] 姚斌. 远程会议口译——回顾与前瞻 [J]. 上海翻译, 2011(1): 32-37.

[9] 赵雪彤. 北京冬奥会远程同传服务大幅降低成本、提高效率 [EB/OL]. https://baijiahao.baidu.com/s?id=1724741995040338067&wfr=spider&for=pc, 2022-02-14.

[10] 周荣刚, 张侃. 虚拟环境中临境感及其测量方法 [J]. 心理科学进展, 2004, 12(2): 8.

The Application of Remote Simultaneous Interpreting at the Olympic Winter Games Beijing 2022

Sun Shuguang   Qi Taoyun   Mei Jianjun

(Beijing Sport University; Beijing International Studies University; Foreign Affairs Office of the People's Government of Beijing Municipality)

Abstract: Large-scale remote simultaneous interpreting (RSI) was adopted during the Winter Olympic Games Beijing 2022 to provide simultaneous interpreting services for various press conferences. Pressures and challenges faced by interpreters in general RSI were reduced or even avoided through a series of innovative measures taken by the Games, including 1) developing a cloud-based audio and video integration management system; 2) employing a single-point signal source; 3) setting up an RSI center for centralized management of interpreters; 4) providing elaborate logistic service for smooth communication between the interpreters and the relevant personnel. The interpreters had a good experience during their work for the Games and completed all the RSI tasks with great success. The application of RSI at the Beijing 2022 Winter Olympics shall provide a reference for other large-scale international sports events and even international exchange activities in the future.

Keywords: remote simultaneous interpreting; Winter Olympic Games Beijing 2022; language service; simultaneous interpreting

以译文应用语境为导向的翻译策略选择
——以北京外事翻译为例

袁方媛[①]
(北京市人民政府外事办公室翻译中心)

【摘　要】近年来,北京市国际交往中心功能建设加速推进,外交外事综合服务保障能力不断提升,而翻译正是其中不可或缺的一个环节。地方外事翻译工作与国家层面的外交外事翻译有所不同,语境在其中的作用和意义相对更加凸显。本文首先简要阐释了"语境"这一学术概念,然后在此基础上,结合首都外事翻译工作实践,选取三个侧面论述语境如何影响翻译策略选择,旨在为解决翻译实践问题和基于语境的翻译研究提供可借鉴的思路。

【关键词】语境;应用;翻译

引言

随着北京市国际交往中心功能建设的深入推进,首都外事步入高质

---

① 袁方媛,外国语言学及应用语言学专业,翻译理论与实践方向(英汉同声传译),一级翻译,现就职于北京市人民政府外事办公室翻译中心,任培训部部长,主要从事北京市外事翻译和日常业务培训相关工作。

量发展新阶段。在此背景下，做好首都外事翻译工作的重要性更加凸显。许多人对外事笔译的印象局限于公共政策类的文件翻译。事实上，地方外事翻译工作形式多种多样。以北京市为例，除了政府工作报告、党代会报告等重要文件的翻译之外，还包括各类国际会议活动相关材料、涉外政策文件、服务信息等的翻译。与国家层面的外交外事翻译工作相比，地方外事翻译的目标受众范围更小但也更具体，在实际应用中目的性也更突出，这意味着根据不同语境调整翻译策略、改进翻译结果尤为重要，因为一旦出现译文与应用语境错配的情况，会直接影响具体外事工作任务的实际完成效果。本文结合首都外事翻译工作实践，尝试从三个侧面探讨应用语境如何影响翻译策略选择。

1. 语境的概念和与翻译的关系

"语境"作为一个学术概念，由人类学家、语言学家马林诺夫斯基（Malinowski）于1923年提出，它"指的是话语所处的文化使用背景；而且在对话语进行解读时，也必须考虑整体的生活方式（文化背景）"（Chandler & Munday, 2011：74）。这一概念从60年代开始广泛应用于语言学范畴，直到90年代才被植入翻译研究领域，学者们从各自感兴趣的角度对语境进行研究和论述，考察语境的视角和范围也各不相同（李运兴，2007：17）。而关于语境的具体内涵，社会语言学教授格奥尔加科普洛（Georgakopoulou）曾经做出较为全面的概括："文本的完整意义是一组关系（讲者和作者、受众、目的、既往历史等），这些关系的总和构成了文本的语境。"她将语境划分为四种类型：情景语境（context of situation），包括对话双方是谁、会话发生的时间、场合、目的、环境，以及社会场景，还有参与者的角色和地位；文化语境（context of culture），包括言语所属的社区群体，该社区成员惯常的行事方式，涉及的言语活动和言语行为，以及所讨论的主题；语言语境（context as co-text），即上下文，包括此前发生了怎样的会话，接下来还可能有怎样的会话；还有认知语境（cognitive context），包括惯例、规则、规范和公认的假设等认知，基于当前活动进行的过程推断和总体期望等（Georgakopoulou & Goutsos, 2004：19）。由此可见，语境是多方面因素共同作用产生的结果。

以应用语境为导向思考和解决翻译问题，就是要结合实际工作需要，给出最契合当下语境的译文。换言之，翻译应该是不断变化的。同一个表达在不同语境下可以有截然不同的译法，关键在于是否有效实现了翻译的功能和目的。翻译不是精密科学，不能盲目追求在任何语境下都绝对成立的"标准答案"，脱离语境空谈翻译标准和原则更是没有意义。正如纽马克（Newmark）所说，"翻译不存在法则，因为法则不允许有例外。"而且"在翻译中，语境是凌驾于一切的要素，它高于任何规则、理论和基本含义"（Newmark, 1981：113）。

2. 以语境为导向的翻译实践

如前文所述，构成语境的要素纷繁复杂，考察的角度可以多种多样。本文结合外事翻译实例的特点，选取了发挥己方认知优势（认知语境）、强化对中英文的理解（文化和语言语境），以及提升功能性文本的可读性（情景语境）三个方面，探讨不同语境下的翻译策略选择。

2.1 发挥己方认知优势

在对外宣传和外事交流活动中，己方译员具备相对的认知优势。这不仅体现在译员的政治素质和政治敏感度上（比如，提到台湾问题时，己方的译员不会将"中国大陆"译为mainland China），而且己方译员通常对政策的表述及其相关背景情况更加熟悉，不会轻易陷入文字表面的陷阱而出现理解错误。事实上，在任何行业和部门，内部常驻译员的背景知识认知优势都是自由译者所不具备的。以下几个例句均是基于政策内涵改进译文的实例。

例1：开放不仅体现在招商引资，也体现在为各国友人在京工作生活创造更加舒适、便利的"类海外环境"。

北京市在持续扩大开放的过程中，也在努力提升各方面国际化水平。例如，着力打造国际学校、国际医院和国际人才社区等。同时，北京市也非常注重国际语言环境建设，公共场所外语标识越来越规范化，许多线上服务也都开通了外语版本，所谓"创造类海外环境"就是要让来京工作、投资和学习的外籍人士宾至如归。基于这样的理解，这里的"类海外"不应译为"quasi-foreign"或者"foreign-like"之类的，因为"海外"是相对本国人来说的，外籍人士来到北京是身处异国他乡，北京于他们而言是一个"foreign environment"。这个政策提法其实是要让外籍人士"feel more at home"。翻译需要在准确把握这一点的基础上，用恰当的措辞将它表达出来。可以借鉴2020年北京市《政府工作报告》的译文版本——"fostering an environment resembling those of the home countries of the foreign talents"。

例2：严格落实"四个不摘"要求，巩固拓展支援合作成果。

"四个不摘"要求指的是：贫困县摘帽后，要继续完成剩余贫困人口的脱贫任务，实现已脱贫人口的稳定脱贫。做到摘帽不摘责任，摘帽不摘政策，摘帽不摘帮扶，摘帽不摘监管[①]。许多公共政策类的表述都会使用非常简洁的缩略表达，此处"摘"这个动词原本跟责任、政策、帮扶和监管无法构成合理搭配，但是跟"摘帽"联系在一起就形成了可用的语境。翻译时，没必要强求保留"摘"的意象，把责任、政策、帮扶和监管的持续性表达出来才是最重要的。鉴此，初稿翻译为"We will ensure that poverty relief responsibilities, policies, assistance and monitoring continue even after a county is removed from the poverty list"。乍一看似乎没有什么问题，但这句话的症结在于，北京市没有国家级贫

---

① 详见 http://www.bjzx.gov.cn/ztzl/zxqh/zxh2021/mcjs202101/202101/t20210124_33197.html。

困县,此处说的是北京市对口扶贫支援贫困县实现了脱贫摘帽,从后半句"巩固拓展支援合作成果"也能有所推断。因此,英文中"a county"不够严谨,可能会被读者误认为是北京的贫困县,于是译文修改成了"even after the assisted counties are removed from the poverty list",做出这样的修改需要译者依靠自己的认知。

例3:对<u>境外高水平职业资格</u>进行认可,畅通<u>国际专业人才流动渠道</u>,是扩大对外开放的客观要求。

2021年9月,北京市发布"两区"境外职业资格认可目录(1.0版),鼓励持目录内职业资格的国际人才来京工作,并在工作居住证办理、工作许可业务办理、出入境业务办理等方面给予支持和保障。2022年6月30日,在原有目录1.0版基础上升级扩容后的目录2.0版正式发布,提出了更大力度的支持保障措施。

首先,这里的"境外"高水平职业资格,包括中国港澳台地区颁发的职业资格证书。换言之,"境外"不等同于"国外",不能简单粗暴地译成"foreign credentials"。而"境外"这个概念也很难在英文中找到一个单词完全匹配它的含义,如"abroad""international"等都不合适。此前,外交部发布的一些疫情防控相关的表态中,曾使用"overseas"表达境外,但也要看具体应用的语境。这个例句中,不妨就把它说得直白一些,可以译为"from outside the Chinese mainland"。

其次,"畅通国际专业人才流动渠道"是否可以按照字面翻译成"ensure the unfettered flow of international talent"?这里的"人才",既包括外籍,也包括中国籍,他们在海外学习、工作和生活,获得了境外机构颁发的职业资格证书,同样属于"international talent"(但不应该译成"foreign talent")。而这一项政策,最根本的目的是要鼓励所有这些人才来到北京发展,也就是吸引人才流入。基于这样的理解,不难发现,按照字面处理的译文只说了flow,但没有明确流动的方向或目的地。再比如,一位美国教授流动到日本去任教,也属于"flow of international talent",但显然不是这一项政策要关心的范畴。处理成"embrace/attract international talent"就规避了这个问题,或者在"ensure the unfettered flow of international talent"后面补充"to China/Beijing"也可以。

2.2 强化对中英文的理解

翻译初学者往往对语境的重要性缺乏认识,他们遇到难点经常会问:"这句话用英文怎么说?"而不会问"这句话是用在什么地方的?"实际上,同一个表达,在不同主题场景或者上下文语境下,可以有不同的解释。而翻译必须建立在充分理解的基础上才能成立。这种理解应该是双向交互的,既包括对源语的理解,也包括对目的语的理解。在中译英翻译时,译者首先要结合中文语境弄清楚原文意思,然后在输出译文时,确保英文用词在译文应用语境中是恰当的、无限贴近原文含义的。

> 例4:健全失能失智老年人照护体系,让老年人享有<u>幸福晚年</u>。

对失能失智老年人的照护服务能力不足是当前养老体系中的一大难题。失能失智老年人是一个特殊的弱势群体,由于身体和心智方面的功能损伤,日常生活难以自理,他们的生活质量需要依赖专业化、个性化的照护服务才能得到保障。北京聚焦刚性需求,制定和完善失能失智老年人照护服务支持政策,从而让他们享有幸福晚年。

"幸福"这个词在很多情况下被译为"happy",例如"a happy marriage/memory/childhood",它表达的是一种满足和愉快的感觉。柯林斯词典对该词释意如下——"Someone who is happy has feelings of pleasure, usually because something nice has happened or because they feel satisfied with their life"[①]。由此可见,"happy"是一种主观感受,而失智老人通常患病后伴有认识障碍、记忆障碍、易怒、暴躁等症状,他们很难有"happy"的感受,所以译成"to lead happy lives"不是很符合实际情况。健全照护体系、提升照护服务水平,其实质是保障他们能有

---

① 详见 https://www.collinsdictionary.com/dictionary/english/happy。

规律的起居、健康营养的饮食，以及干净卫生的生活环境，翻译成"to ensure decent lives"更合适一些。

例5：突出做好社区居家养老服务，着力提升养老助餐服务质量，让老年人在家门口吃上"<u>暖心饭</u>"。

当今社会有许多老年人，特别是孤寡、空巢老人，面临"吃饭难"的困扰。为此，北京市不断探索完善养老助餐服务体系，让居家养老的老年人可以就近享有物美价廉的用餐服务。这句话值得探讨的是"暖心饭"的"暖"字。它有很强的误导性，译者很容易将它直接跟英文单词"warm"相对应，翻译成（让老年人）"have warm meals"。但实际上，英文里还有另一种表达叫作"hot meals"。它表示"现做的"饭，"hot"不是强调温度本身非常"烫"，而是指专门经过制备和烹饪的餐食，区别于三明治一类的冷餐。在国外有些公益慈善性质的、在社区向弱势群体（残疾人、无家可归者等）免费提供午餐的服务，就叫"hot meals program"。另外，"warm"这个单词，柯林斯词典给出的释义是："Something that is warm has some heat but not enough to be hot"[①]，所以，从英文的角度来看，"warm meals"反而不如"hot meals"更能体现"暖心"服务的意象。

例6：<u>宣传活动</u>

"宣传"这个词的中文含义非常丰富，也是翻译工作中经常遇到的高频词汇。既有商业性质的宣传，也有政治政策宣传、理念和价值观宣传、公益宣传、科普宣传。宣传的媒介可以是大众传播媒体，如报纸杂志、视频影音等，也可以是文艺演出、展览活动，甚至一个标志、一句口号、一个网络热词，都可以是宣传的载体。而英文中没有一个能够在任何情景下都与之相匹配的对等词汇，这就需要译者在实际应用中结合不同的语境进行分析，采取最适合的翻译策略。

---

① 详见 https://www.collinsdictionary.com/dictionary/english/warm。

提到"宣传"首先要强调的是，"propaganda"这个词某种程度上带有贬义的感情色彩，在任何情况下都不应该用来指代己方主张的宣传。柯林斯词典对它的解释是："Propaganda is information, often inaccurate information, which a political organization publishes or broadcasts in order to influence people. [*disapproval*]"①。不过，如果转换一下立场，当遭受他人大肆宣传虚假信息、恶意抹黑攻击时，用这个词来指代对方的行径可能恰好合适。

另外，一个常用来翻译"宣传"的英文单词是"promotion"。这个词是中性的，不带有感情色彩，大部分情况下指商业宣传。例如，"special promotions"或者"promotional offer"就是打折促销的意思，有可能是调低单价，也可能是附加赠品（买一赠一等）。有时，"promotion/promotional"还可以简写为"promo"，例如"promo code"是优惠券编码，"promo videos"是促销短片、宣传片。当然，除了商品宣传，还可以用于宣传某项服务、影视作品、某项活动等。总体而言，"promotion"的目的在于提升"popularity"和"acceptance"，它也并不能适用于所有的语境。

比如说，政府和各类组织机构的宣传部门，比较常见的用词是"communication(s)"，而不能说是"promotion department"。例如，美国联邦人事管理局（简称OPM）有一个叫作"Office of Communications"的部门，OPM官方网站对其职能的描述是："(It is) responsible for coordinating a comprehensive effort to inform the public of the Director's goals, plans, and activities through various media outlets. We also oversee, guide, plan, and coordinate the writing, publication, and production of all communication products — printed materials, photos/videos, website, and social media postings generated from OPM offices — including briefing materials for the Director and other OPM officials presenting to the President, Congress, and at other meetings and events.②"。由此可以判断，这就是联邦人事管理局的对外宣传办公室，这段话里还提到了

---

① 详见 https://www.collinsdictionary.com/dictionary/english/propaganda。
② 详见 https://www.opm.gov/about-us/our-people-organization/office-of-communications/。

"communication products",可以考虑翻译成"宣传材料"。

还有一些其他的"宣传"需要具体问题具体分析,可以灵活表述。比如,科普性质的宣传活动,可以考虑用"education campaigns",政府的一些呼吁性质的宣传(如号召大家节能减排、保护环境)可以说"public information campaigns/programs",或者"communication campaigns"。在防疫期间要向外籍人士宣传防控相关要求,引导他们积极配合,可以说"keep the foreign nationals informed of the requirements"。诸如此类的例子还有很多,应用场景各不相同,译法也会千差万别,切忌每逢"宣传"就只会用"promotion"。

例 7:<u>音乐无国界</u>,交响乐是人类共有的精神文化财富。

这个例句是某个在京举行的交响乐论坛上,一位嘉宾在发言中提到的。这里的"无国界"该如何翻译呢?在探讨这个问题之前先来对比另一句话:"病毒无国界。疫情是我们的共同敌人"。这句话摘自习近平总书记在《求是》发表的重要文章《团结合作是国际社会战胜疫情最有力武器》。两句话都使用了"无国界"这个表达,但两者在各自语境下的含义有所不同。

首先,病毒无国界,是说新冠病毒的感染和传播不受国界限制也不分种族。疫情是全人类面临的重大危机和共同挑战,需要国际社会携手共同应对。官方的译文是"This is a virus that respects no borders[①]"。英文"respect"有尊重、遵守的意思,比如"respect one's rights/wishes"尊重某人的权利或者意愿,"respect the law"遵守法律,而给造成人类公共健康危机的新冠病毒显然是对国界没有任何"respect",译文处理得非常形象恰当。

音乐跟病毒具有相似的传播属性,音符也是可以跨越国界和种族的,但是病毒带给人类的是危机和灾难,音乐却能陶冶情操,给予人们战胜困难的勇气和力量。比如,疫情暴发期间,世界许多地方居家隔离的人

---

① 详见 https://yizhiyoudao.kuaizhan.com/62/9/p71053932095ad8。

们在自家阳台发起了音乐会，表达对生活的热爱和抗击疫情的决心，非常温暖人心。基于这样的理解，说"music respects no borders"就不合适了，可以说"music is a universal language"，或者更简洁一点"music is universal"。英文"universal"表达的是一种普遍的、一致认同的意思。

此外，说到"无国界"很容易能联想到"医生无国界"，这是一个由各国专业医学人员组成的国际性医疗人道救援组织。它的英文名称是"Doctors Without Borders"，没有用动词结构，一个介词"without"表达纯粹的"没有"，非常简洁有力。

2.3 提升功能性文本的可读性

有一些文字专门在特定场景下使用，功能性和目的性较强，或者说情景语境属性较强，比如某些表格的填写说明、使用指南、提示语，或者应用小程序里某个功能模块等。这类文本，一般用于指导或提示读者进行具体操作，如果译文可读性差、表意不清，读者就没有办法准确地领会其含义。这种情况下，需要在一定程度上舍弃字面对等，采用阐释策略，力求增强文本可读性，从而实现翻译的功能和目的。

例8：回执

这个例子也是在实际工作中经常遇到的。它通常是作为附件，出现在会议通知或者活动邀请函的最后一部分，供受邀请方填写。回执一般情况下采用表格形式，内容包括拟应邀参加会议或活动的人员姓名、职务、联系方式、车牌号等，疫情防控期间，可能还要填写防疫筛查信息。"回执"某种程度上可以看作确认参加某个活动或会议的报名信息表。主办方通过收集活动回执，便于确认参会人员情况并安排活动的细节。

一些汉英词典会用"receipt"这个词来解释"回执"。而"receipt"在英文中意思是"a writing acknowledging the receiving of goods or money[①]"，

---

① 详见 https://www.merriam-webster.com/dictionary/receipt。

也就是收据、收条，它更多的是作为"已收到"的一种证据，此"回执"非彼"回执"。另外一个被误用来翻译"回执"的单词是"feedback"，这个词就更不合适了。乍一看，它似乎有"回"的意思在里面，但它在英文里的释义是："If you get feedback on your work or progress, someone tells you how well or badly you are doing, and how you could improve. If you get good feedback, you have worked or performed well.[①]"。它表达的是反馈意见或者信息，有可能是正面的反馈，也有可能是负面的反馈，显然也不符合"回执"的应用语境。如果跳出原文字面的束缚，不拘泥于"回"的含义怎么表达，或者"回执"用英语该怎么说，而是回归到这个词的使用功能上，尝试用英文去表达"确认参会"的意思，其实可以说"confirmation"或"confirmation of participation"。

例9：请您保持<u>良好的参会状态</u>，您的参会画面将会呈现在会议的现场。

某会议活动采取网络视频会议的形式举行，会议期间将向线上与会者展示这样一句温馨提示。此处"请您保持良好的参会状态"，其实就是要求参会者在摄像头开启期间保持自己的职业素养，注意仪表仪态，避免让摄像头捕捉到一些尴尬的、私人的画面或者不礼貌的小动作。

首先，"良好的参会状态"肯定不能按照字面直译成"good condition"之类的，不通顺。如果译成"look good on camera"，似乎是避免了字对字翻译的陷阱，但是这个表达的意思是"上镜"，和"get comfortable in front of a camera"的意象类似，指的是通过光线、角度、衣着、妆容的调整，微表情管理，以及自信的态度，让讲话人在镜头前表现得更加大方得体、有说服力，跟这段温馨提示的应用语境不相符。有译员提议另一种说法："observe online meeting etiquette"，这个表达的意思也有些许偏差，它指的是遵守线上会议的礼仪规范，比如没有轮到本人发言时要关闭自己的麦克风，避免自己身边的环境噪声影响

---

① 详见 https://www.collinsdictionary.com/dictionary/english/feedback。

到其他参会者。回到这句话的使用场景,其实它是要起到提示作用,让与会者注意摄像头的存在,有意识地把自己最专业的一面展现在镜头前。译文表达出这样的意思就可以了,可以说"Please be mindful of the camera"或"keep a professional appearance during the meeting"。

例 10:正确佩戴口罩,确保口罩盖住口鼻和下巴,<u>鼻夹要压实</u>。

新冠疫情暴发初期,卫生部门对外发布了一系列个人防护指南,包括应该选择使用什么样的口罩、如何正确佩戴口罩、怎样正确地洗手和使用免洗消毒凝胶等,从而帮助大家增强个人防护能力,阻断病毒进一步传播扩散。"压实"是一个非常具体的动作,也是正确佩戴口罩的一个关键步骤,如果表达不清楚会让读者感到困惑。

有趣的是,如果脱离当前的语境,"压实"通常指的是建筑施工过程中,通过压实作业填补缝隙,提高土体的密实度。2022 年,李克强总理所作的《政府工作报告》中也出现了"压实"这个词——"压实地方属地责任、部门监管责任和企业主体责任"。例句中的"压实"既不是夯实土体,也不是确保责任落实到位。

"鼻夹"是指口罩上端接触鼻子的那一根可弯折的金属或塑料条。"压实鼻夹"就是利用它的可塑性,让口罩尽可能贴合面部,或者更具体地说是贴合鼻子的轮廓,不留缝隙,从而让细菌和病毒无法进入呼吸道,实现自我防护的目的。中文只说了"压实"两个字,非常简洁,中文读者能够理解,但译成英文不能只说"push down firmly",要把贴合鼻子的意思补充进去才能表达清楚。可以说"push down the nose clip firmly to your nose"或者更具体一些"make sure the nose clip is molded along the bridge/shape of your nose"。

3. 结语

语言最根本的功能是实现人与人之间的交流和沟通,而语境之所以重要，在于它能够影响人们对语言的理解，进而影响沟通的实际效果。语境的构成要素本就纷繁复杂，时间因素、空间因素、历史因素等都有可能改变语境，而随着译者的加入，沟通的主体由双方变成了三方（讲者或作者、译者、受众或读者），某种程度上译者的主观能动性也是构成语境的一部分。情景语境、文化语境、语言语境和认识语境的划分只是诸多学术观点中的一家之言。但不可否认的是，翻译活动是两种语言之间的交互，译者需要厘清诸多语境要素的逻辑，把握最关键的要素，同时尽可能兼顾其余次要要素。比如，面对涉及政治立场和原则性问题的话语表达，译者必须准确把握政策核心，做到立场坚定、措辞有分寸；而面对功能性的文本，译文可读性或者便于读者接受的考虑应该摆在更重要的位置。翻译的批判性思维过程，其实也可以理解为在各种矛盾中寻求平衡和取舍的过程。

2021年5月，习近平总书记在主持十九届中央政治局第三十次集体学习时强调，讲好中国故事，传播好中国声音，展示真实、立体、全面的中国，是加强我国国际传播能力建设的重要任务。翻译恰好是开展对外传播工作必不可少的途径和工具，只有掌握了翻译的主动权、在国际舞台上积极发出自己的声音，才能更好地宣传阐释党和国家的理念、价值观，更鲜明地塑造我们的国际形象，营造稳定良好的外部舆论环境，同时有效反驳他人对我方各类政策举措的蓄意歪曲和误读。在国际交往中心功能建设的大局中，作为首都外事翻译工作者，我们深切感受到了这份工作带来的使命，厚重而光荣。唯有持续提升专业技能才是我们肩负这份使命最强劲的底气，这个过程需要从实践中不断总结经验，梳理解决翻译问题的思路和方法，把实战经验打磨成"内功"。本文中论述的，以语境为导向的翻译策略选择，正是这其中的一小步，更多地是想体现一种应对翻译问题的思维方式，而不是提供标准答案。事实上，译文没有标准答案也是本文所论述观点的一部分。希望本文能够给投身翻译事业的同业译者带来些许启发。

参考文献

[1] Chandler, D., & Munday, R. *A Dictionary of Media and Communication*[M]. Oxford: Oxford University Press, 2011.

[2] Newmark, P. *Approaches to Translation*[M]. Oxford: Pergamon Press, 1981.

[3] Georgakopoulou, A., & Goutsos, D. *Discourse Analysis: An Introduction*[M]. Edinburgh: Edinburgh University Press, 2004.

[4] 蔡力坚. 基于语境的翻译决策 [J]. 中国翻译, 2021(3): 186-188.

[5] 李运兴. 论翻译语境 [J]. 中国翻译, 2007(2): 17-23.

A Context-Based Approach to Translation

Yuan Fangyuan

(Translation and Interpretation Center, Foreign Affairs Office of the People's Government of Beijing Municipality)

Abstract: In recent years, Beijing has been stepping up efforts in strengthening its role as the center for international exchanges, and the city's overall capability for serving major diplomatic events and foreign affairs activities has been continuously improved, of which translation constitutes an indispensable part. Foreign affairs related translation at the sub-national level is different from that at the national level, as context plays a much more prominent role in the former. This paper first explains the academic concept of "context", and then on top of that, discusses how context matters in the specific translation work from three perspectives through a number of select examples. It is hoped that this paper will provide some inspirational ideas for solving practical problems in translation and for studies on context-based translation.

Keywords: context; usage; translation

论"瑕疵"和"缺陷"的英译[①]

——基于比较法视角

袁振华[②] 刘加芬[③]

(四川外国语大学)

【摘　要】法律术语翻译往往须"以术语译术语",而"瑕疵"与"缺陷"的英译却面临着难以对等的困境。此种情形下《中华人民共和国民法典》英译本将其均译为"defect"一词,这显然忽略了二者在我国立法中的差异,实为不妥。本文试基于比较法视角,通过对比二者的差异及其与英美判例法中相似概念的差异,探究"瑕疵"与"缺陷"的准确英译。

【关键词】瑕疵;缺陷;英译;比较法

引言

鉴于我国法律与英美法律体系存在差异,法律术语英译是译者面临

[①] 本文是重庆市高等教育教学改革研究项目"涉外法治人才法律英语能力培养的教学模式创新研究"(项目编号:213221)的阶段性成果。
[②] 袁振华,博士,四川外国语大学国际法学与社会学院副教授,硕士生导师,主要从事国际经济法与法律英语翻译研究。
[③] 刘加芬,四川外国语大学国际法学与社会学院本科毕业生。

的一项重要挑战，因为法律术语的翻译需要深入到具体的制度、理论层面，不能仅仅停留在语言形式的对等上，尤其是在没有对等法律概念的情况下做到准确翻译，则更具挑战性。对于"瑕疵"的翻译即为一例，《中华人民共和国民法典》(《民法典》)的产品责任章节中，"缺陷"与"瑕疵"是不同的概念，具有不同的法律意义，引发的后果也不相同，而《民法典》将二者均译为"defect"，对明显存在区分的概念使用同一英译，难免造成目的语读者的误解，因此有必要对二者译名加以廓清，明确区分。

1. 我国法律中"缺陷"与"瑕疵"概述

1.1 "缺陷"与"瑕疵"的概念界定

"缺陷"与"瑕疵"含义有广义与狭义之分，《现代汉语词典》将"瑕疵"一词解释为"微小的缺点"，将"缺陷"一词解释为"欠缺或者不够完备的地方"。在现代汉语当中，二者词义非常相近，仅在程度上有明显区别，普通消费者通常对其也不加区分。但这并非是法律意义下"瑕疵"与"缺陷"的含义，法律意义下二者的含义当是最为狭义的。

1.2 我国立法中关于"缺陷"与"瑕疵"的使用及特点

1.2.1 我国立法中关于"缺陷"与"瑕疵"的使用

由表4可知，立法中"缺陷"一词有明确定义且使用场景比较统一。《产品质量法》中"缺陷"一词使用最为频繁，主要集中在第四章损害赔偿一章中。该法第四章中多次使用"缺陷"一词，规定生产者的免责事由、销售者的赔偿责任等，其中第46条[①]将"缺陷"明确定义为："产

---

① 《产品质量法》第四十六条：本法所称缺陷，是指产品存在危及人身、他人财产安全的不合理的危险；产品有保障人体健康和人身、财产安全的国家标准、行业标准的，是指不符合该标准。

品存在危及人身、他人财产安全的不合理的危险……"《民法典》对"缺陷"一词的使用集中在侵权责任编产品责任一章中,使用"缺陷"一词表述产品缺陷。《消费者权益保护法》中也使用"缺陷"一词描述商品和服务缺陷。《民法典》和《消费者权益保护法》虽未对"缺陷"一词专门定义,但均强调存在危及人身、财产安全的危险,与《产品质量法》中"缺陷"一词的定义一致,可见在我国立法中"缺陷"一词的含义明确且统一。

表4 立法中"缺陷"一词的使用

法律名称	次数	单独使用	搭配词汇
民法典	10	无	"产品""药品""质量"等
产品质量法	14	定义	"产品"
消费者权益保护法	6	无	"商品""服务"

由表5可知,在我国现行法律中,"瑕疵"一词并无统一的定义,常与其他词汇搭配使用。《民法典》共13处使用"瑕疵"一词,主要涉及物权编和合同编,使用"瑕疵"一词描述标的物瑕疵、外观瑕疵以及隐蔽瑕疵等质量问题。《产品质量法》第三章使用"瑕疵"一词,规定生产者所生产产品的质量要求。《消费者权益保护法》经营者义务一章中,使用"瑕疵"一词,表述经营者对于商品或者服务质量瑕疵所应承担的义务。除了明确使用"瑕疵"一词,立法中也使用一些词汇描述瑕疵状态,例如"标的物不符合质量约定""不具备产品应当具备的使用性能"等。尽管都是在说明质量上存在某种问题,但在不同部门法当中甚至是同一部法律当中对"瑕疵"一词的使用也并不规范,这也使得难以给出"瑕疵"一词的官方定义,致使有关法律的适用不够清晰。事实上,学界对于"瑕疵"的定义也并不统一,有学者认为"物的瑕疵"是指出卖人所交付标的物在品质上不符合合同约定或法律规定的标准,导致标的物的用途和价值降低或消失(孙晓娟,2013:2)。还有人对"瑕疵履行"做出界定,认为"瑕疵履行"指履行不符合合同约定的条件,导致履行的价值减少或丧失,通常表现为标的物质量上的瑕疵或履行行为上的瑕疵。

可见，我国立法中"瑕疵"一词含义宽泛，往往需要结合使用场景具体分析。

表5 立法中"瑕疵"一词的使用

法律名称	次数	单独使用	搭配词汇
民法典	13	无	"标的物""外观""隐蔽"等
产品质量法	1	无	"产品"
消费者权益保护法	4	无	"商品""服务"

1.2.2 我国立法中"缺陷"与"瑕疵"的使用特点

鉴于我国立法对"缺陷"与"瑕疵"二词的使用，从词义搭配的角度不难发现，二者的使用有如下特点：首先，当与"产品"一词搭配使用时，二者在内容上存在着明显的对立，虽然都是产品质量存在问题，但程度明显不同。换言之，"瑕疵"是产品"缺陷"之外的质量问题。其次，在与其他词语搭配时，"缺陷"与"瑕疵"对义性并不强，各有其含义。立法中"缺陷"最主要搭配"产品"一词使用，也可搭配"质量"等词使用，表明存在造成他人损害的不合理危险的质量问题，而一旦造成损害，则应承担侵权责任。而"瑕疵"搭配的词语则更为广泛，例如"外观瑕疵""隐蔽瑕疵""权利瑕疵""瑕疵履行"等，并且基于搭配词汇不同产生不同含义，不仅可表示质量不合格，也可表示权利不完备、履行上的欠缺等。可见，作为规范的法律用语，"缺陷"的外延明显小于"瑕疵"，并且在与特定词汇搭配时，含义相互对立，是完全不能等同的概念。

1.2.3 我国立法中"产品缺陷"与"产品瑕疵"的制度区别

在我国立法中，产品质量责任包含产品缺陷责任和产品瑕疵担保责任，而两种责任之间又存在着显著差异。具体在于：首先，责任性质不同。前者的责任性质取决于消费者的选择；而后者属于违约责任的一种。其次，责任主体不同。前者的责任主体包括生产者和消费者，而销售者是产品瑕疵担保责任的唯一责任主体。再次,责任形式不同。产品缺陷的责任形式主要有损害赔偿、停止侵害等;而产品瑕疵的责任形式为损害赔偿、更换、退货等。此外,二者在主观归责原则、免责事由、诉讼时效等方面也存在较大差异。基于此,在与"产品"一词搭配使用时,立法者使用不同的词汇进行表述应是有意为之,目的在于明确产品缺陷与产品瑕疵的制度差异,避免概念混淆,使产品责任纠纷适用的法律准确。因此,为使英译本与中文法律文本保持一致,准确表达条文的真实语义,"缺陷"与"瑕疵"的英译也应作区分。

2. 英美法中的"产品缺陷"与"产品瑕疵"

2.1 制度差异下的词汇空缺

法律术语翻译涉及两种法律体系,对法律术语含义的准确把握须将其置于相应的法律体系之中。而由于中外法律文化的差异,法律术语翻译往往面临着其他法律体系中没有对等概念的困境。张法连教授曾指出:"法律翻译是一种跨文化交流活动,法律文化可具体为源语和目的语中的法律制度。"(张法连,2019:166)因此,在词汇空缺的情形之下,未对中外法律制度以及法律文化进行深入研究,往往会发生误译。"瑕疵"与"缺陷"均译为"defect"即是一例。中国与英美国家属于不同的法系,不同法系致使具体法律制度有很大差异。与我国将产品瑕疵和产品缺陷规定在同一部法律中不同,美国对产品责任采取分开立法的模式。"瑕疵"引起的法律责任主要通过《统一商法典》中的明示和默示担保制度来调整,而"缺陷"的法律责任则规定在《侵权法重述——产品责任》当中。美国法自身有特定的法律术语来表述相应的制度,即"warranty",也不会与"defect"发生混淆,故而无须再有"瑕疵"的概念。与此不同,"瑕疵"作为我国特有的法律术语,在多部法律中均有使用,且易与"缺陷"混淆。因此,"缺陷"与"瑕疵"在进行翻译时须仔细斟酌,一方面须明晰我国法律体系下产品瑕疵与产品缺陷的具体差异；另一方面须对英美法中相关制度进行深入剖析，避免发生误译。

2.2 英美法中的"产品缺陷"

《布莱克法律大词典》将"defect"一词定义为"An imperfection or shortcoming, esp. in a part that is essential to the operation or safety of a product"[①]并主要与"product""design""manufacturing"等词搭配使用，用于说明产品、设计、制造上存在的某种影响其安全性的不合理危险。《柯林斯法律词典》中"defect"的释义为"a defect exists if the safety of the product is not such as persons generally are entitled to expect."[②]而在《元照英美法词典》中"defect"一词存在三项法律定义：①缺陷；不足；②（法律要件上的）欠缺；标的物履行上的欠缺；③瑕疵。

与产品缺陷有关的一个概念是"Products Liability"，《布莱克法律大词典》中其释义为："A manufacturer's or seller's tort liability for any damages or injuries suffered by a buyer, user, or bystander as a result of a defective product."。可见，"defect"属于产品质量责任下的用语，而"Products Liability"就是"product defect"的法律后果，即产品缺陷所引起的侵权责任。

"缺陷"的界定具有重要意义，在美国的产品责任法中，不同类型的缺陷会直接影响归责原则，进而会影响产品责任的抗辩事由。英美法中"defect"一词与"产品"的搭配使用较为频繁，英国1987《消费者保护法》中"defect"的定义为"there is a defect in a product for the purposes of this part if the safety of the product is not such as persons generally are entitled to expect."《美国侵权法重述（第3版）》第1条将产品责任描述为"…who sells or distributes a defective product is subject to liability for harm to persons or property caused by the defect." 1979《统一产品责任示范法》中也使用"defect"一词，并与"design""manufacturing"

---

① Black, H. C. *Black's Law Dictionary*: Ninth Edition [Z]. St. Paul: West Publishing, 2010.
② W. J. Stewart. *Collins Dictionary of Law (Second Edition)* [Z]. Harper Collins Publishers, 2001.

等搭配表述"defect"的不同类型(骆东升,2013:49)。因此尽管与"defect"搭配使用的词汇是多样的,但"defect"与"不合理的危险"以及"安全性"始终紧密联系,且主要与"product"搭配使用,与我国立法中"缺陷"一词含义一致。因此,《元照英美法词典》当中"defect"虽然存在三项释义,但将其理解为"缺陷"是更为恰当的。

2.3 英美法中"产品瑕疵"的概念缺失

英美法似乎既没有"产品瑕疵"的概念,也没有"瑕疵"的直接表达,而是在产品质量立法中通过一些词汇描述产品的瑕疵状态。以 Lemon Law[①] 为例:作为美国消费者保护法的一种,各州的 Lemon law 不尽相同。《布莱克法律大词典》中 Lemon Law 存在两项释义:"A statute designed to protect a consumer who buys a substandard automobile by requiring the manufacturer or dealer either to replace the vehicle or to refund the full purchase price"以及"By extension, a statute designed to protect a consumer who buys any product of inferior quality"。依据该词典,消费者购买的汽车或者产品为次品时,可以要求厂商偿还价款或更换该汽车,对于产品质量的瑕疵状态是通过"substandard"以及"inferior"来表述的。我国民法学家梁慧星教授也曾指出:"美法无一般的瑕疵概念,除一般的使用目的之外,当事人约定的特殊使用目的,也成为判断标准。"(梁慧星,1991:40)

英美法中,虽无产品瑕疵担保责任制度,但存在与之类似的"默示担保"制度。美国《统一商法典》建立的货物品质默示担保制度即为典

---

① Lemon Law,柠檬法。1982 年起,美国各州陆续制定保护汽车消费者权益的法律,酸涩的柠檬表示状况不佳,消费者购买了一辆经常出故障的车辆,就如吃了一片酸柠檬,酸楚不堪,故称此类法案为"柠檬法"。

型。① 根据《统一商法典》2-314 条② 规定，默示的适销性担保要求出卖人若是经营此类货物的商人，则须保证货物符合特定的品质标准。此条第 2 款同时规定了"适销性"（Merchantability）的六项标准，其中最为核心的为（C）项"fit for the ordinary purposes for which such goods are used"，即该货物必须适用于此等货物的一般用途。也即货物须符合其通常使用目的；根据《统一商法典》2-315 条③ 规定，默示的适用性担保要求出卖人应当提供可满足买受人特定目的的货物。若出卖人违反默示担保，则构成违约，买方可要求赔偿损失、退货、解除合同等。与我国"产品瑕疵"引起的产品瑕疵担保责任具有相当性。可见，与我国的制度设计不同，美国法是通过规定担保以及违反担保的违约责任来调整"产品瑕疵"引发的法律后果，也因此导致"瑕疵"的概念缺失。

3. 产品"瑕疵"与"缺陷"的英译探究

3.1 产品"瑕疵"与"缺陷"英译影响因素

3.1.1 目的语国家术语的概念对等

在法律术语翻译过程中，使用对等术语翻译通常是最理想的状态。

---

① 美国作为联邦制国家，最初各州的合同法不尽相同，随着商品经济的不断发展，《统一商法典》应运而生，现行有效的为 2002 年新修订版本，已为美国各州所普遍接受。
② U. C. C. § 2-314. Implied Warranty: Merchantability; Usage of Trade.
a. Unless excluded or modified (Section 2-316), a warranty that the goods shall be merchantable is implied in a contract for their sale if the seller is a merchantwith respect to goods of that kind.
b. Goodsto be merchantable must be at least such as (a) pass without objection in the trade under the contractdescription; and (b) in the case of fungible goods, are of fair average quality within the description; and
c. are fit for the ordinary purposes for which such goodsare used; and…
③ U. C. C. § 2-315. Implied Warranty: Fitness for Particular Purpose.
Where the seller at the time of contracting has reason to know any particular purpose for which the goods are required and that the buyeris relying on the seller's skill or judgment to select or furnish suitable goods, there is unless excluded or modified under the next section an implied warranty that the goods shall be fit for such purpose.

因此，在翻译时，译者首先应考虑目的语国家是否存在概念对等的术语，从而尽可能地寻求使用确切对等词。若存在确切对等词，则可直接翻译。以"缺陷"一词的翻译为例，英美法中存在术语"defect"，且在含义、搭配词汇以及法律后果等方面均可与我国法律中的"缺陷"一词相对等，可见，英美法一直使用"defect"一词来表示"缺陷"，"缺陷"一词存在功能对等词。故可在忠于原文基础之上，直接使用功能对等词，将其译为"defect"。

3.1.2 制度不对等情况下翻译的动态对等

美国翻译理论家奈达在其翻译动态对等理论中提出："翻译是用最恰当、自然和对等的语言从语义到文体再现源语的信息"（刘巧巧，2017：240）。具体到法律翻译，是指法律术语翻译不是简单词汇的对应，而是语用对等，即源文本和译本产生一致效果（屈文生，2020：7）。通常法律术语翻译都是"以术语译术语"，但是任何国家的法都只能在其文化基础上产生和存在，不能脱离自己的文化而自给自足（张文显，2018：401）。因此，由于法系之间的客观差异，一些相同的词汇表达的含义、使用的语境却相差甚远，甚至存在诸多法律词汇的空缺，根本无法找到对等词。此种情形之下，尽管一些词汇存在形式上的相似性，但并不能作为术语翻译的对等词，除非此种差异在任何情况下都不具有重要意义。因此，在目标语法律中无法找到对应内涵的表述时，应考虑动态对等，即考虑译出其制度功能，通过比较英美法中近似的法律制度，尝试采用变通的手段进行翻译（屈文生，2012：73-74）。

3.1.3 法律英语词汇的对义性

"对义性"即术语所表示的概念在逻辑上具有矛盾或对立的关系（袁华平，2014：246-247）。比如，婚生对非婚生、有效对无效等。在对此类术语进行英译时，英译词汇也应体现其概念上的对立。例如：《民法典》就将"婚生"译为 Children born in wedlock，将"非婚生"译为 Children born out of wedlock。鉴于立法对于"瑕疵"与"缺陷"的使用，"产品瑕疵"与"产品缺陷"同样具有对义性，由于将"缺陷"译为

"defect"并无不妥,故"瑕疵"一词的英译在含义上与"defect"也应具有对义性。

3.1.4 法律英语词语搭配与译文概念的关系

每一种语言在具有词汇意义之外,还具有搭配意义(meaning by collocation),即词与词之间搭配产生的新的意义(唐义均、丁媛,2016:43-46)。搭配意义又称结构意义,其往往不同于或大于词汇意义。例如,"competition"与"law"组合搭配而成"competition law",但"competition law"不是"竞争法",而是"反不正当竞争法"。因此,法律术语的翻译也应充分考虑结构意义,而不能直接按源语字面意思或其搭配结构进行翻译。因此,"瑕疵"与"缺陷"的英译除了考虑本身含义之外,也应考虑英译词与"product"等词搭配时,结构意义层面是否对等。

产品的"瑕疵"与"缺陷"作为我国法律文本之中的特定用语,对应不同概念,其译文应当忠于立法原意,若英译使用同一词汇,显然无法保证目标语读者能够准确理解其中差异。翻译有翻译的标准,但是没有标准的翻译。法律翻译有"四项基本原则":准确严谨、清晰简明、前后一致、语体规范。(张法连,2009:72-76)为确保翻译准确性,"缺陷"与"瑕疵"在翻译时除了符合基本原则之外,还需综合考虑前述因素,寻求最为恰当的译法。

3.2 "flaw"作为"瑕疵"与"缺陷"英文对等词的合理性分析

在美国的产品责任文献当中,虽存在"flaw"与"defect"混用的现象,但《布莱克法律大词典》《元照英美法词典》等权威法律词典中,并无"flaw"一词的官方定义及释义,可见在英美法中"flaw"一词似乎并非是专门的法律术语。"flaw"能否作为"瑕疵"与"缺陷"英文对等词需要进一步探讨。"flaw"一词,在《牛津英汉双解词典》中其释义为"a crack or fault in sth that makes it less attractive or valuable";在《朗文英汉双解词典》中其释义为"a mistake, weakness that makes something not perfect"; 在《韦氏大学英语词典》中其释义为"a feature that mars the perfection of something."

就"缺陷"而言，与"defect"一词相比较，"flaw"一词的英文释义并未强调安全性以及不合理的危险，因此"flaw"与"defect"一词的含义并不相符，故美法对于二者的混用，是由于本身并未将"flaw"与"defect"进行区分，而非二者能够等同。法律术语的翻译首先应当符合源语的词汇意义，结合我国立法中"缺陷"的定义，"flaw"不宜作为"缺陷"一词的英译。

就"瑕疵"而言，作为我国特有的法律术语，其英译面临着无对等词的困境。在完全不对等的情形之下，一般采用的方法有释义法、扩充法等。但由于我国立法中的"瑕疵"一词并无专门定义，难以对其采用变通的手段进行英译，需要探索新的译法，即创造性翻译法。创造性译法一般分为改造法和创造法两种。所谓创造法是指，用普通的英文词语创造性地把中国特有的术语译出来（张法连、张茜，2009：143-145），即赋予普通英文词以法律意义。例如，将"宅基地使用权"译为"rights to use residential land"，将"个体工商户"译为"Individual Businesses"。笔者认为，"瑕疵"一词的英译应采用创造法。由于英美法中并无"瑕疵"的概念，因此当普通英文词"flaw"符合术语翻译的要求时，也可作为"瑕疵"的英译。首先，考虑"flaw"与"瑕疵"能否动态对等。在英美法中，涉及到产品瑕疵引起的默示担保责任中，均未使用"flaw"一词来表述瑕疵，而我国对"瑕疵"一词的使用最主要就是在瑕疵担保制度当中，可见"flaw"一词与我国"瑕疵"一词的使用场景并不相同，但"flaw"一词的英文释义与我国"瑕疵"一词的含义基本相同，强调物的效用和价值，将"瑕疵"译为"flaw"能够符合"瑕疵"的词汇意义。其次，须考虑"flaw"与"defect"是否存在对义性。在《布莱克法律大词典》以及美国产品责任立法中，"defect"的释义都有意强调不合理的危险与安全性，而一般词典中"flaw"的释义均未强调安全性而表述为影响某物的价值或不完美，可见从含义上，二者存在对义性，与我国立法中"瑕疵"与"缺陷"的对立相似。最后，查阅《布莱克法律大词典》，未找到"flaw"一词与"外观""履行""product"等词的搭配及定义,但"product defect"译为产品缺陷并无异议,再结合我国法律对"瑕疵"的规定,将"product"与"flaw"搭配使用,作为"产品瑕疵"的英译,既没有改变"瑕疵"的词汇意义,也不致与"产品缺陷"发生混淆。因此,可以将"瑕疵"译为"flaw",如此做法不是为了强迫英美国家接受甚至创设一个新的制度,因为我们生造的并不是"英美法制度"而仅仅是"中国法术语的英文表达"(袁也然,2020:150)。

基于上述分析,在与"product"一词搭配时,将"瑕疵"译为"flaw"并无不妥,但在《民法典》物权编与合同编中,同样存在"瑕疵"的概念,主要用于表示共有物、租赁物、委托物等物的瑕疵,以及外观瑕疵等,查阅权威的法律词典,也并未找到"flaw"一词与这些词汇的搭配及释义,因此立法者既统一使用"瑕疵"一词,且"flaw"也具有表示某种欠缺的含义,因此译文应与立法保持一致,遵守前后一致原则,在全部立法中使用"flaw"作为"瑕疵"的英译。

虽然使用普通英文词可以将"瑕疵"译出,但笔者认为,由于立法中"瑕疵"的概念并不统一,此种译法尚不能使国外读者充分理解该词的含义,因此建议未来立法之中应尝试对"瑕疵"一词给出解释,再进行英译以提高其准确性以及目标读者的可接受程度。

4. 结语

法律术语翻译的不对等,根源在于中外法律文化的差异。瑕疵与缺陷的翻译,看似简单,其背后因显著的制度差异也存在着误译的可能,这也是法律文化差异在规则层面的体现,稍有不慎,就可能与立法原意相背离,产生误导作用。

而作为法律翻译的核心,术语翻译的恰当与否将直接影响到法律翻译质量;法律翻译的质量又关乎我国法律文化的域外传播以及我国的法治形象。因此,在翻译过程中,译者须重视文化因素的考量,将术语的翻译置于法律文化背景之下,从而实现等效翻译。

参考文献

[1] Jennifer S. M., & Robyn, L. M. Uniform commercial code survey—Sales[J]. *The Business Lawyer*, 2008, 63 (4).

[2] Thomas C. B., & Jeffrey, M. U. Product liability: Beyond loss control—An argument for quality assurance[J]. *Quality Management Journal*, 2008, 15 (2).

[3] 董春华. 中美产品缺陷法律制度基本问题比较研究 [D]. 北京：中国政法大学, 2009.

[4] 李浩然. 美国和德国货物买卖品质担保比较研究 [D]. 大连：东北财经大学, 2006.

[5] 梁慧星. 论出卖人的瑕疵担保责任 [J]. 比较法研究, 1991(3): 40.

[6] 刘巧巧. 浅论尤金·奈达的动态对等翻译理论 [J]. 校园英语, 2017(37): 240.

[7] 骆东升. 缺陷产品侵权的比较法研究 [D]. 大连：大连海事大学, 2013.

[8] 屈文生. "一带一路"国家立法文本的翻译——国家需求、文本选择与等效原则 [J]. 外语与外语教学, 2020(6): 1-10.

[9] 屈文生. 法律术语英译中的选词问题 [J]. 上海理工大学学报（社会科学版）, 2017, 39(3): 201-206.

[10] 屈文生. 中国法律术语对外翻译面临的问题与成因反思 [J]. 中国翻译, 2012(6): 73-74.

[11] 孙晓娟. 论买卖合同中物的瑕疵担保责任 [D]. 南京：南京师范大学, 2013.

[12] 唐义均, 丁媛. 从词语搭配视角看"法定代表人"的英译 [J]. 中国科技翻译, 2016, 29(3): 43-46.

[13] 袁华平. 法律英语专业术语的特点及其翻译 [J]. 校园英语, 2014(30): 246-247.

[14] 袁也然. 比较法视域下留置权的英译研究 [J]. 语言与法律研究, 2020(2): 140-154.

[15] 张法连. 法律翻译中的文化传递 [J]. 中国翻译, 2019(2): 165-171.

[16] 张法连. 法律英语翻译中的文化因素探析 [J]. 中国翻译, 2009, 30(6): 48-

51+93.

[17] 张法连. 法律文体翻译基本原则探究 [J]. 中国翻译, 2009(5): 72-76.

[18] 张法连, 张茜. 关于汉英法律翻译中的词汇问题 [J]. 中国成人教育, 2009(20): 143-145.

[19] 张文显. 法理学 [M], 北京：高等教育出版社, 2018.

On the English Translation of "Flaw" and "Defect" — From the Perspective of Comparative Law

Yuan Zhenhua Liu Jiafen

(Sichuan International Studies University)

Abstract: The translation of legal terms usually requires the translation of terms into terms, while the English translation of "flaw" and "defect" is confronted with the dilemma of legal equivalence. In this case, both of them are translated into "defect" in the English version of the Civil Code of the People's Republic of China, which obviously ignores the differences between the two in Chinese legislation and is actually inappropriate. From the perspective of comparative law, this paper attempts to explore the accurate English translation of "flaw" and "defect" by comparing the two concepts and their differences with similar concepts in Anglo-American case law.

Keywords: "flaw" "defect"; English translation; comparative law

翻译教育

翻译学习者问题类型质化探析

孙三军[①]　陈钇均[②]

（北京外国语大学）

【摘　要】 本研究旨在探讨翻译学习者在英汉互译过程中出现的翻译问题类型及在不同翻译方向上的差异。研究结合了问卷调查，并采用质化分析软件NVivo，对30名翻译专业大三学生一学期内的5次笔译作业反思日志（共150篇）编码、归类和统计。研究发现，学生在反思日志中汇报的问题可归纳为语言问题（句法、词汇等），语言外问题（背景知识问题、语用问题等），翻译策略问题（翻译技巧、查询工具问题等），出现在理解和表达过程中，但不同翻译方向在子类问题的具体类别、突出程度和出现阶段方面存在差异。本研究基于此建立了翻译问题的分类框架，并对本科笔译教学中翻译反思日志的写作方式提出了建议。

【关键词】 翻译问题；翻译难点；翻译过程；反思日志；质化分析

[①] 孙三军，博士，北京外国语大学英语学院副教授，研究方向为翻译实证研究、翻译认知过程。
[②] 陈钇均，北京外国语大学英语学院翻译方向硕士研究生，研究方向为翻译理论与实践。

引言

翻译中的问题与难点（简称"翻译问题"）是翻译学领域的常见话题，翻译策略（如玄奘的"五不翻"、长难句的翻译、术语翻译）和翻译标准（如严复的"信达雅"译事三难）等的讨论与翻译问题密切相关。然而关于翻译问题的定义与分类，目前学界并无定论，概念的界定仍较为模糊，翻译问题分类也多基于理论分析或经验推测，相关实证研究较少。为了厘清翻译问题的性质，归纳其种类，更充分地了解学生在翻译过程中出现的问题，本研究以翻译专业本科生为例，通过反思日志分析法，探究翻译学习者出现的问题类型及翻译方向对问题类型的影响。

1. 研究背景

1.1 翻译问题及其类型

翻译问题有多种含义。早期的研究主要通过逻辑分析讨论翻译问题。例如，Nida（1945）曾推测，翻译问题集中出现在语言转换层面，从根本上讲是原文和译文能否对等的问题。Nord（2006：166）通过分析，将翻译问题定义为"译者普遍面临的语际转换问题"，并划分出语用翻译问题、规范性翻译问题、语言翻译问题和特定文本特有的翻译问题四大类。随着翻译研究新方向兴起、学科交叉融合深入以及研究方法与技术进步，翻译问题的具体内容也有所改变和拓展。例如，Toury（2012）认为，翻译问题可指原文可译与否的哲学性问题，可指研究者通过事后分析，比较原文和译文时发现的问题，也可指译者在翻译过程中遇到的问题。另外，实证研究尤其是翻译过程研究的迅速发展为翻译问题含义及类型提供了丰富的证据。例如，Krings（1986）指出，翻译问题涵盖翻译过程中的所有语言层面问题，与翻译能力息息相关；研究小组

PACTE（2011）、Göpferich（2009, 2011）等指出翻译问题源于翻译能力欠缺，体现为译者在翻译过程中遇到的各类问题。此外，一些研究者也用翻译问题来表示译文中的错误，或者通过眼动追踪、键盘记录等实验方法观察到的译者停顿、修正、回视等认知犹疑行为（如 Lai, 2013; Angelone, 2018; Asiri & Metwally, 2020）。因此，若要探究翻译问题类型，有必要进一步明确和限定翻译问题的来源：翻译过程。

翻译过程有广义和狭义之分。广义的过程涵盖翻译社会活动的方方面面，包括原文选取、客户需求对接等；狭义的过程则聚焦个体翻译时的言语信息加工过程和行为。本研究关注的是狭义的翻译过程，它又有内外之分：内在过程指难以观测的译者认知活动过程，大致由原文理解、双语转换、译文表达等环节组成；而外在过程指通过仪器工具可观测的译者行为活动过程，具体表现为停顿、修正、眼动等（Sun & Wen, 2018）。本研究利用反思日志内省数据，集中分析内在过程中的翻译问题。

翻译问题究竟该如何分类至今尚无定论。前人研究构建的分类框架大致可划分为逻辑分析型和实证型。前者大多基于比较语言学等领域理论自上而下论述，后者主要利用实证数据自下而上搭建框架。早期翻译问题分类框架以逻辑分析型为主（如 Nida, 1945；Nord, 2006），此类框架多以印欧语系语言为载体，未考虑翻译方向不同可能带来的差异。此外，由于缺乏实证数据支撑，这些分类框架或多或少存在分类过于宽泛、抽象而难以反映实际情况的问题。

相关实证研究主要通过实验和观察以归类和定位翻译问题，研究思路和方法值得借鉴，探索空间较为广阔。例如，PACTE 研究小组开展的翻译能力研究项目，采用有声思维法、键盘记录等进行试验，并对专业笔译员和外语教师的翻译过程行为和译文质量分析、评估和验证，总结了五类"热点问题"（rich points），即语言问题、文本问题、语言外（extra-linguistic）问题、意图问题和特定翻译要求问题（PACTE, 2011：11）。此分类涵盖较广、问题定义较清晰，获得较大关注。值得注意的是，PACTE 小组发现，从译文质量和译者所遇问题数量来看，同一译者在外语到母语方向的表现明显优于母语到外语方向的表现；而 Pavlović

（2013）也结合有声思维、译文质量评估和问卷调查等方法自下而上探索翻译新手所遇问题，却发现母语—外语双向翻译问题类型基本相同，均可归为拼写、词汇/语义、句法和文本问题，且两个翻译方向问题数量基本相当。二者聚焦印欧语系，语言类型和汉语有较大差异，所提问题类型可能不完全适用于英汉语对，且研究结果之间的差异也体现出划分研究对象类型、区分翻译方向进一步研究翻译问题的必要性。Göpferich（2009）基于 PACTE 的翻译能力模型，在其历时性翻译能力研究 TransComp 项目中也采用了与"热点问题"相似的翻译问题类型。然而 Göpferich（2011：18）推测，不少被试在实验过程中表现较为消极，不愿花太多时间完成实验，这可能在某种程度上干扰了研究结果。

翻译过程实证研究样本量往往偏小，且难以获取通常会持续数日的翻译练习任务或专业翻译活动的数据，进而无法充分了解译者在翻译活动中的真实情况（Wang & Muñoz, 2021）。译文质量分析可以有效避开实验方法的欠缺，却不能充分反映译者所遇的问题。有相关研究表明，翻译过程中译者很可能有意或无意解决了某些翻译问题，因此翻译问题不一定体现在翻译错误中，这一点容易被教师或研究者忽视（Angelone, 2018）。因此，除了利用先进技术开展大规模实验研究外，有必要另辟蹊径探究译者在翻译过程中所遇到的翻译问题。

1.2　翻译反思日志分析

翻译反思日志分析或许是一条"蹊径"。反思日志较早出现在外语教学中，用于鼓励学习者自我观察、记录并反思学习过程中遇到的问题、解决方案等。李德凤（Li, 1998）曾探讨反思日志在促进高校翻译专业理论与实践结合学习中的作用。有学者进一步指出，反思日志分析是一种以翻译学习者为中心的研究方法（Adab, 2000），可用于翻译过程研究，获取译者在自然状态下的内省信息（Fox, 2000）。Gile（2004）还围绕其创设的"问题和决策书面汇报任务"探讨了如何通过分析学生自我反思的内容以及更有针对性地了解学生欠缺的翻译能力，并据此调整教学方案。

目前，大多数研究者尚未运用翻译日志分析获取数据进行探究。Fox（2000）的个案研究是该领域为数不多的实证研究，她随机抽取并分析了散文翻译课程中的一名学生连续5篇翻译日志，探索其翻译能力发展趋势，发现日志内容可以体现学生问题意识增强和相应翻译能力的提高，该研究具有开拓意义。Adab（2000）和Delizée（2011）则论证了反思日志在翻译学习质量评估中的作用，提倡将翻译学习者的翻译过程信息（反思日志）和翻译终端结果（译文）纳入评价体系，从而全面衡量其学习情况。后来，一些研究者（如成思、吴青，2016）也以翻译日志为载体，或借鉴相关翻译能力构成框架，分析学生笔译能力发展动态，或者尝试构建并使用以问题解决为驱动的日志分析框架，这进一步表明反思日志分析能揭示翻译过程信息，并指导翻译教学实践。

2. 研究设计

我们采用翻译反思日志分析，运用质化分析软件，对翻译专业本科生笔译作业反思日志中反映的翻译难点与问题进行了编码、归类和统计，并结合问卷调查结果，来构建翻译问题的分类框架。

2.1　分析材料

本研究所用的原文和反思日志来自北京某外语类高校翻译专业本科三年级学生一门笔译课程的5次作业，涉及3篇英译汉材料与3篇汉译英材料，题材涵盖文学类内容和非文学类内容。任课教师（本文第一作者）要求学生每次提交课后翻译作业时需附上相应反思日志，日志中可描述翻译过程中遇到的问题及解决问题的办法等，但没有提供具体的翻译问题类型框架；反思日志的具体书写形式、内容及长度没有限制。在获得学生同意并对反思日志进行匿名处理（编号为J1S01、J1S02……）后，共研究分析了30位学生的150份翻译反思日志（以字数计算，平均长度为737，极大和极小值为[1620, 207]，中位数为592）。

2.2 分析过程

本研究借鉴前人研究中提出的翻译问题类型和翻译能力类型,预先设置、定义了一些问题的支干型节点,例如语言问题(词汇、语态、句法),文本体裁及风格问题,百科知识,领域知识,与目标读者相关的翻译接受度问题(参见 PACTE, 2011;马会娟, 2013)。随后在编码分析反思日志过程中,我们发现了一些预先设定的节点未涵盖的问题,并结合日志描述内容给出定义,随后对预先定义和后续发现的两类节点进行聚合,将节点与日志中相应的问题描述进行匹配(详见图 15)。编码分析采用了质化分析软件 NVivo 12,其界面如图 16 所示。为了平衡编码的一致性和灵活性(参见 O'Connor & Joffe, 2020),本研究将日志中描述翻译问题的句子或段落作为编码的基本单位。

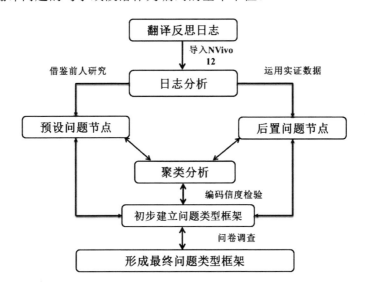

图 15　数据处理和分析流程

经过分析反思日志,我们发现部分学生术语使用不当或不统一、撰写翻译日志态度不够积极等问题,导致日志描述模糊、逻辑不清,反映出其元认知能力有待提高,这加大了日志分析的难度。为了解决这个问题,本研究采用两位编码员,经编码信度检验,发现英汉和汉英问题编

图 16　翻译日志编码界面

码重合度分别为 0.874 和 0.816，这一结果是可以接受的。两位编码员讨论后统一了编码。此外，我们对 2018 级和 2019 级共 72 名学生已完成该笔译课程的学生进行了问卷调查（问卷回收率为 92%，有效填写率为 100%），以确定得出的主要问题类型和问题突出程度（根据学生描述问题的语气、问题描述长度、问题提及频次等判断）是否代表学生的真实想法。最后，建立了如表 6 和表 7 所示的框架。

表 6　英译汉翻译问题类型

翻译问题主要类型及频次	问题子类及频次	具体表现	频次
语言问题 616	词汇问题 222	原文理解困难	136
		译文表达困难	86
	篇章语境问题 198	衔接处理困难	166
		连贯处理困难	32
	句法问题 190	原文理解困难	112
		译文表达困难	78
	标点符号问题 6	使用是否恰当犹疑	5
		使用是否符合规范犹疑	1

续表

翻译问题主要类型及频次	问题子类及频次	具体表现	频次
语言外问题 297	背景知识问题 220	百科知识欠缺	175
		专题知识欠缺	45
	语用问题 77	文本类型不熟悉	40
		原文或受众不明确	37
策略问题 260	翻译策略问题 238	使用或选择翻译技巧犹疑	190
		使用或选择翻译方法犹疑	48
	查询工具问题 22	查询参考资料无果	18
		查询字典无果	4

表7 汉译英翻译问题类型

翻译问题主要类型及频次	问题子类及频次	具体表现	频次
语言外问题 391	背景知识问题 260	百科知识欠缺	205
		专题知识欠缺	55
	语用问题 131	文本类型不熟悉	98
		原文或译文受众不明确	28
		译文忠实度犹疑	5
策略问题 102	翻译策略问题 78	使用或选择翻译技巧犹疑	60
		使用或选择翻译技巧犹疑	18
	查询工具问题 24	查询参考资料无果	16
		查询字典无果	4
		参考信息准确性判断犹疑	4
语言问题 97	句法问题 54	译文表达困难	50
		原文理解困难	4
	词汇问题 16	原文理解困难	9
		译文表达困难	7

续表

翻译问题主要类型及频次	问题子类及频次	具体表现	频次
语言问题 97	篇章语境问题 14	衔接处理困难	3
		连贯处理困难	1
	标点符号问题 6	使用是否符合规范犹疑	5
		使用是否恰当犹疑	1

3. 研究发现与讨论

分析发现，学生在反思日志中报告的汉英、英汉翻译问题大致可归为语言、语言外和策略问题三大类，出现在理解与表达过程中遇到问题与解决问题的阶段。但两个翻译方向在子类问题的特性、突出程度或出现阶段存在差异，如表8所示。

表8 翻译问题类型与翻译方向

过程		问题类型	提及次数及比例			
			英译汉		汉译英	
遇到翻译问题	原文理解	语言问题	388（32.3%）	54.8%	10（1.5%）	50.2%
		语言外问题	271（22.5%）		331（48.7%）	
	译文表达	语言问题	228（18.9%）	23.2%	79（11.6%）	30.8%
		语言外问题	52（4.3%）		131（19.2%）	
解决翻译问题	外部查询	搜索查证问题	26（2.2%）	22.0%	40（5.9%）	19.0%
	内部决策	翻译策略问题	238（19.8%）		89（13.1%）	

通过卡方检验[①]发现，学生汇报所遇语言问题（$\chi^2=210.59$，$n_1=616$，$n_2=97$，$p<0.01$）、语言外问题（$\chi^2=274.94$，$n_1=297$，$n_2=391$，$p<0.01$）和翻译策略问题（$\chi^2=5.43$，$n_1=260$，$n_2=102$，$p<0.01$）数量在英汉和汉英翻译方向上存在统计学意义上的差异。

---

① 使用北京外国语大学语料库团队开发的统计工具 http://corpus.bfsu.edu.cn/LLX2.zip。

3.1 语言问题

语言问题指理解或表达原文词、句、篇章连贯衔接等时遇到的问题。由表 8 可知，英汉翻译中此类问题非常突出，其中最常见的是语境化词义和长难句拆分相关的语言理解问题；而在汉英翻译中，此类问题相对较少，集中在表达问题的句法层面，包括基本的句子语法困惑和地道的句式结构表达困难或存在疑问。

例（1）Alain Locke led a life of scrupulous refinement and slashing contradiction. Photographs flatter him: there he is, with his bright, taut prettiness, delicately clenching the muscles of his face. Philosophy and history, poetry and art, loneliness and longing — the face holds all of these in a melancholy balance. The eyes glimmer and the lips purse.

本例源自《纽约客》一篇介绍美国哈莱姆文艺复兴中黑人作家阿兰洛克生平经历的文章。使用可读性公式估测文本可读性，结果显示原文总体难度不大，生僻词汇少、句子较为简单，美国初中生能轻松理解。然而，翻译日志却普遍反映该翻译任务难度较大，分析得知其主要困难在于词汇语境化处理。例如，有学生反映，"本篇理解第一段形容外貌就很令人伤脑筋了，是我花费时间最多的一段"（J3S07），还有学生对词汇在特定语境下的解读感到困难、纠结，表示"不太理解 taut 和前面的 bright 整体表现 prettiness 的感觉，taut 在此处是表现洛克怎样的感觉呢？很多词不好理解"（J3S05）。通过诸如此类的问题描述不难发现，学生的困难不在于词汇量小，而在于结合语境理解这些词语的意思。此问题与下一节的语言外问题有千丝万缕的联系。

3.2 语言外问题

这类问题集中出现在理解过程中，可进一步分为背景知识问题和语用问题。前者侧重原文背景信息，比如百科知识或某一领域专题知识等文化方面的欠缺，后者侧重对文本特点、读者身份等交际方面的犹豫困惑。例如，许多学生表示由于不清楚翻译目的、不明确译文可能面向的受众以及不清楚译文效果期待等而时常感到困惑和疑惑：

> 例（2）孔子，名丘，字仲尼。公元前551年生于鲁国陬邑昌平乡（今山东曲阜城东南）。据《春秋左传》记载：孔子家族本为宋国的贵族。他的祖先弗父何本来应当拥有宋国而让给了宋厉王。孔子的七世祖正考父作为上卿，辅佐了戴公、武公、宣公三位国公。

本例选自《史记·孔子世家》白话文解说，原文含有较多文化负载词，导致一些学生在翻译时遇到了困难。比如，有学生在反思中写道，"鲁国陬邑昌平乡，国、邑、乡都是表示一个地方的性质的，而且按照汉语中的习惯地名从小到大排列，鲁、陬、昌平是这个地方的名字……如果这篇文章是面向外国人，可能说得具体一些会便于理解？"（J2S02）而另一部分学生则犹豫，"对英文读者来说，除非是专门研究孔子历史的人，否则是否只需要知道这是一个地方现在在哪里就可以了？"（J2S09）类似的问题在英译汉中也时有出现。

总体而言，两个翻译方向的反思日志中均有较多学生反映语言外问题，且问题提及次数高居汉译英问题之首，这与前人研究的发现和结论有所不同。例如，Fox（2000）、成思和吴青（2016）等在分析翻译专业本科生反思日志时发现几乎无人关注语言外问题。学生在反思日志中报告此类问题，一方面，说明其问题意识提高，从"我不知道'我不知道'"进入了"我知道'我不知道'阶段"（王琼，引自马会娟，2013：118-120）；另一方面，提示翻译教师需要关注此类问题，划定目标读者范围、明确译文效果期待，引导学生认清翻译目标，带着目的思考，完成翻译任务，增强其语言外翻译能力。为解决此类问题，学生往往试图运用下文将讨论的内部、外部翻译策略。

3.3 策略问题

策略问题可分为内部翻译策略问题和外部工具查询问题。前者指运用某种或多种翻译技巧、方法处理某一问题时，产生疑惑、犹豫，后者指使用查询工具（如字典、搜索引擎等）过程时遇到不会查、查不到等问题。与前两大类问题不同，学生在反思日志中报告的策略问题并没有集中对应原文某些语句，具体问题也因人而异。

内部翻译策略问题体现的"犹疑"大致有两种情况：一种是学生因未能充分理解原文或找不到合适译文表达而选择"直译"或"减译"等，实属"无奈之举"。例如有学生写道："More lovingly preserved than its size or reputation would suggest 这句话也很难翻译，我不是很理解 reputation 这儿的含义，所以就简单粗暴地直译了"（J2S21），"第四段在理解上可能还有衔接不通顺的感觉，尤其是 sexless 那句话不是很有把握，想承上启下又很难，于是决定就这样直译了"（J3S07）。另一种情况是学生经过考虑得出两种或多种译文，但无法判断哪种更合适、该选择哪种。"我感觉直译会比较忠实原文，比较稳妥，但对直译与意译的界限有些困惑。尝试用更贴近读者的意译时，又会担心是否漏译和曲解了原文"（J1S01）是这类问题的常见描述。

查询工具使用问题也出现在试图解决问题的过程中，反映了学生搜索信息能力有待提高。这类问题在汉译英和英译汉任务对应的反思日志中出现频次不高，但从翻译过程看，该类问题多随语言问题和语言外问题出现，关系到学生翻译效率及译文成稿质量，且通过学生相关描述的篇幅及语气可发现此类问题给学生造成较大困扰。例如，有学生表示"不知道怎么查找中国古代官职对应的英译，直接搜'上卿'的翻译找不到较可靠的译法"（J4S24），也有学生反思："后一段中'grinning'一词，字典里是查不到释义的……像这种情况，是不是还是因为搜索工作不到位？"（J3S22）、"我遇到的最大障碍还是资料检索，需要加强这方面能力"（J5S04）。此外，许多学生似乎想努力确认单个词（包括动词变位后的形容词、副词等）的确切词义，他们最常用的是英汉双语词典，会主动关注英文释义，但在使用词典时未关注词典专业种类，在查询术语时常遇到查询无果的情况。几乎所有遇到此类困扰的学生都表示查证花费时间很长但效率低，导致整体翻译效率和质量都受影响。

4. 教学启示

本研究通过反思日志分析，得出三类主要翻译问题，同时发现学生在报告翻译问题时存在诸如分类不清、术语使用不规范等问题。结合问卷调查结果，我们进一步确认了所建问题分类框架的可靠性，同时了解到学生对目前反思日志形式、内容、长度方面的写法存在不同看法。超过半数答卷者倾向于独立撰写日志，表示"每个人对所遇问题有自己的见解，小组合作分工分歧多，自己的问题容易被埋没"，而其余答卷者则认为合作完成日志能提高效率且有助于观点交流。此外，部分答卷者提出希望教师设置具体的日志内容要素，比如将所遇问题归类分组报告以及按照翻译过程不同阶段分段书写，认为按一定标准对翻译问题分类分点会刺激答卷者思考具体问题是什么、出在哪些地方。

在反思日志和问卷反馈分析基础上，本研究为本科笔译教学（特别是翻译反思日志写作）提出以下几点建议：（1）教师可汇总翻译反思日志中的模糊描述、术语使用不一致等问题，结合翻译理论与实践经验规范反思日志书写，鼓励学生独立撰写反思日志后与同伴讨论，同时可抽取翻译问题描述清晰、问题有代表性或值得特别注意的日志在课前发给全班学生交流学习；（2）鉴于本次反思日志中反映出学生英译汉方向语言层面问题非常突出，教师可设置主题单元或定期课堂小测等加强英语句法分析和翻译训练；（3）拟定翻译任务目标读者群、引导学生进行译前准备，更加明确翻译目标，进而应对后期所遇语言外问题；（4）采用含有更具体引导问题的过程导向型日志书写框架以促进学生关注翻译过程，提升元认知能力。另外，基于本研究结果，我们结合前人研究探讨（参见 Gile, 2004；Li, 1998；Ghanizadeh, 2020），提出了日志书写框架（见表9）。

表 9　反思日志书写框架

1	完成这次翻译任务的整体感受如何？
	（简单描述你的感受。）
2	你在翻译过程中有遇到了哪些问题？根据翻译问题分类框架对你遇到的问题进行分类，并举例说明。例如：
	在译前准备阶段遇到的问题、解决方法或解决该问题时遇到的问题（下同）： 特定文本理解时： 译文表达时： 外部查询（使用搜索引擎、字典等工具资源）时： 内部决策过程中（翻译技巧、方法等使用或选择有困难）：
3	你认为上述问题与你日常翻译学习方式或某一方面的翻译能力有关吗？
	（试找出导致你所遇翻译问题的原因。）
4	是否有哪些课堂上学到的知识可以帮助解决上述问题？
	（可联系以往所学，概述你解决问题的方式并解释这样做的理由。）

5. 结语

　　本研究通过分析学生翻译反思日志，探讨了学生在翻译过程中遇到的问题。研究发现学生所遇汉英、英汉翻译问题集中体现为语言问题、语言外问题和策略问题。不同翻译方向特点不同：英汉翻译中，词义语境化和长难句拆分相关的语言理解问题最为显著；汉英翻译中，如背景知识不足等非语言理解问题更为突出。这些问题反映了学生在语法分析、语言文化、信息检索、加工和决策等方面的知识欠缺或混乱，进而说明其相应维度的翻译能力尚待提高。未来研究可选取某一类翻译问题（如语言问题或语言外问题），结合学生译文质量分析，更深入地了解学生在翻译过程中遇到的问题类型、显著程度、出现阶段以及问题对应所欠缺的翻译能力。

参考文献

[1] Adab, B. Evaluating translation competence [C]//In Schäffner, C. & Adab B. (Eds.), *Developing Translation Competence*. John Benjamins Publishing Company, 2000.

[2] Angelone, E. Reconceptualizing problems in translation using triangulated process and product data [C]//In Lacruz I. & Jääskeläinen R. (Eds.), *Innovation and Expansion in Translation Process Research*. Amsterdam/Philadelphia: John Benjamins Publishing Company, 2018.

[3] Asiri, S. A. M. & Metwally, A. A. The impact of linguistic and cultural competence on translation quality: Pedagogical insights into translation problems [J]. *Journal of Language Teaching and Research*, 2020, 11(3): 509-520.

[4] Delizée, A. A global rating scale for the summative assessment of pragmatic translation at master's level: An attempt to combine academic and professional criteria [C]//In Depraetere I. (Ed.), *Perspectives on translation quality*. Berlin: De Gruyter Mouton, 2011.

[5] Fox, O. The use of translation diaries in a process-oriented translation teaching methodology [C]//In Schäffner, C. & Adab, B. (Eds.), *Developing translation competence*. John Benjamins, 2000.

[6] Ghanizadeh, A., et al. *Higher Order Thinking Skills in the Language Classroom: A Concise Guide* [M]. Springer Nature Switzerland AG, 2020.

[7] Gile, D. Integrated problem and decision reporting as a translator training tool [J]. *Journal of Specialised Translation*, 2004, (2): 2-20.

[8] Göpferich, S. Towards a model of translation competence and its acquisition: The longitudinal study TransComp [J]. *Behind the mind: Methods, models and results in translation process research*, 4(4), 11-37.

[9] Göpferich, S. From multidisciplinarity to transdisciplinarity: The investigation

of competence development as a Case in Point [C]. *MikaEL Electronic Proceedings of the KäTu Symposium on Translation and Interpreting Studies*, 2011, (5): 1-24.

[10] Krings, H. P. Translation problems and translation strategies of advanced German learners of French (L2) [C]//In House, J. & Blum-kulka, S. (Eds.), *Interlingual and Intercultural Communication*. Tübingen: Gunter Narr, 1986.

[11] Lai, P. Y. *The Anatomy of Translation Problems: The Application of Minimal deviation and the Proportionality Principle in the Translation of Economic Editorials* [M]. Chartridge Books Oxford, 2013.

[12] Li, D. Reflective journals in translation teaching [J]. *Perspectives Copenhagen Studies in Translatology*, 1998, 6(2): 225-233.

[13] Nida, E. Linguistics and ethnology in translation-problems [J]. *WORLD*, 1945, 1(2): 194-208.

[14] Nord, C. *Text Analysis in Translation: Theory, Methodology, and Didactic Application of a Model for Translation-Oriented Text Analysis* [M]. Beijing: Foreign Language Teaching and Research Press, 2006.

[15] O'Connor, C., & Joffe, H. Intercoder reliability in qualitative research: Debates and practical guidelines [J]. *International Journal of Qualitative Methods,* 2020, (19), 1-13.

[16] Pacte. Results of the validation of the PACTE translation competence model: Translation project and dynamic translation index [C]//In O'Brien, S. (Ed.), *IATIS Yearbook 2010*. London: Continuum. 2011.

[17] Pavlović, T. Exploring directionality in translation studies [J]. *Explorations in English languages and linguistics*, 2013, 1(2): 149-165.

[18] Sun, S., & Wen, J. Translation process: An overview [C]//In Shei, C. & Gao, Z. (Eds.), *The Routledge Handbook of Chinese Translation*. London: Routledge, 2018.

[19] Toury, G. *Descriptive Translation Studies-and beyond* [M]. Amsterdam: Benjamins, 2012.

[20] Wang, J., & Muñoz, M. R. Cognitive translation studies, a roadmap: A talk

with prof Ricardo Muñoz [J]. *Foreign Languages Research*, 2021, 185(1): 97-108.

[21] 成思, 吴青. 从问题解决视角分析学习日志中的笔译能力发展动态 [J]. 中国翻译, 2016(1): 51-57.

[22] 马会娟. 汉译英翻译能力研究 [M]. 北京：北京师范大学出版社, 2013.

Exploring the Types of Translation Problems Faced by Learners: A Qualitative Analysis

Sun Sanjun   Chen Yijun

(Beijing Foreign Studies University)

Abstract: This study aims to investigate the types of translation problems encountered by translation students during the English-Chinese and Chinese-English translation process and to examine the differences in problems between the two directions. Using the qualitative data analysis software NVivo 12, we coded and analyzed the reflective journals written by 30 third-year translation majors over the course of a semester, covering a total of 150 reflections on their five translation assignments. The data was supplemented with a questionnaire survey. Our findings suggest that the self-reported translation problems can be grouped into three main categories: linguistic problems (such as grammar and vocabulary), extra-linguistic problems (such as knowledge of background information and pragmatic knowledge), and strategic problems (such as translation techniques and use of reference tools). These problems occur during the phases of comprehension and expression in the translation process. However, there are differences in the specific sub-categories of problems, their prominence, and the phase in which they occur between the two directions. Based on the results, we propose a typology of translation problems and provide suggestions for enhancing the way of writing reflective journals in translation pedagogy.

Keywords: translation problems; translation difficulties; translation process; reflective journals; qualitative analysis

基于《全国总书目》(1949—2001)的翻译教材与翻译政策相关性研究

陈晓璐[①] 文 军[②]

(北京航空航天大学)

【摘 要】翻译教学是翻译研究中极其重要的一个分支。本文主要以1949—2001年间的《全国总书目》为数据依据,统计这段时间内的翻译教材情况,并通过混合效应逻辑斯蒂回归模型和相关性分析,阐释了翻译政策与各类翻译教材出版之间的关系。

【关键词】翻译教材;翻译政策;混合效应逻辑斯蒂回归

引言

在中国译学蓬勃发展的今天,翻译教材的发展引人注目,"中国翻译教材发展历经六十年历史,与中国社会和历史发展密切相关,反映了教材作为社会的产物,受到国家政策、经济基础和社会发展的制约,同时又映射了中国翻译教学的发展轨迹,记录了中国翻译研究不断发展的学术成果"(陶友兰,2011:64)。自1949年新中国成立以来,"翻译教材

---
① 陈晓璐,北京航空航天大学外国语学院硕士研究生,研究方向为翻译理论与实践。
② 文军,北京航空航天大学教授、博士生导师,研究方向为翻译学、外语教学。

建设可说是从无到有，从品种单一到种类多样，从作为外语教学的附属教材开始向独立的翻译课程教材演变，从重实践轻理论到开始重视实践与理论相结合，从闭关自守的中国式教材发展到开放式的引入西方译论及相关学科理论的翻译教材"（张美芳，2001：13）。本文聚焦自新中国成立以来至20世纪末国内翻译教材的发展以及国内政策如何引导翻译教材不断前进。

1. 翻译教材研究综述

在翻译教学各项研究中，翻译教材是学者们探讨的重点之一。针对翻译教材，已有研究或从理论层面探索翻译教材现有的问题及未来发展方向，或对翻译教材的演变进行历时性探索，或针对某一翻译教材进行评介。不同学者从不同角度对翻译教材提出看法，不断推进翻译教材进步与发展。

不少学者从宏观角度研究了翻译教材编写现状。张巍然（2018）认为大学英语翻译教材与大学英语课程性质契合度低、对翻译过程关注不足、编写体系封闭材料和习题设计不科学、重技能训练轻能力培养，并从6个方面提出了解决对策。叶红卫、刘金龙（2014）认为英汉翻译教材中存在编排体系不够合理、技巧讲解过于烦琐、译例和练习缺乏针对性等问题，并从理论与实践的结合、翻译过程的描述、选材的审美性和趣味性、课堂教学使用的便利性等方面提出了改善翻译教材编写的对策。曾剑平、林敏华（2010）认为现行翻译教材存在编写体系不合理、重句子翻译轻语篇翻译、缺乏创新性、针对性和实用性等缺点，并针对这些方面提出了自己的解决方案。

除了从整体角度对翻译教材的现存问题提出对策，学者还通过理论针对翻译教材现象进行研究，并提出相应看法。陶友兰（2006）从目的论的角度对英汉汉英翻译教材建设进行剖析，并就如何编写适合作为翻译专业教学的翻译教材提出建议：（1）教材中要重申翻译的内涵和外延，拓展翻译概念；（2）教材中要提出多元化翻译标准，允许采取多种翻译策略;(3)教材中要凸显译者,强调译者的主观能动性;(4)教材编写要做需求分析,反映用户意向。徐珺(2008)基于语料库,运用科技文献引用的分析理论与方法,细致地统计与分析了 1980—2006 年间国内学术期刊上发表的涉及英语翻译教材与翻译教学研究的文献,并提出了若干建议与对策。

同时,学者也针对某个专业领域的翻译教材进行系统性的分析研究。施春花(2014)举例分析了编辑经管类翻译教材中出现的常见问题。赵军峰、罗雯琪(2012)按出版和内容的特点对 1992—2012 年间国内出版的 43 本法律翻译类教材进行归类,以期引起更多对法律翻译类教材编写和出版的关注和研究。辛铜川(2014)则探讨了国内医学翻译教材历史与现状,认为其编写在理论跟进、机器翻译和医学口语等方面尚有进一步完善和强化的空间。

在翻译教材不断问世的过程中,学者也评介翻译教材个例。刘明、孙增德(2013)评析了近代第一本翻译教材《华英翻译捷诀》,认为其教学模式成功培养了适应晚清社会需求的双语人才,启示读者重估翻译教学在大学英语教学中的功用。张美芳(2015)述评了陶友兰的专著《我国翻译专业教材建设:理论构建与对策研究》,提出翻译教材是翻译专业课程的载体,是教学之本,陶友兰的专著在研究翻译专业教材建设研究方面填补了一项空白。

学者从宏观层面到微观层面对翻译教材研究提出了不同的观点。本文将目光聚焦于历时性翻译教材的出版情况,探索在不同年代翻译教材的目标是如何转向,同时从政策角度进一步探索翻译教材的发展。

2. 翻译教材分类与数据概述

本节基于 Tomlinson 的英语教材分类法,对翻译教材分类。同时基于对《中国总书目》的统计,概述展示 1949—2001 年期间各类翻译教材的整体出版情况。

2.1 翻译教材分类

Tomlinson（2008）根据教材性质和用途将英语教材分成了7类，王雪梅（2012）在《英语专业研究生教材的内涵、分类与应用》按此分类详述：（1）通用英语教材包括学生用书、教师用书、练习册、附加材料等，为泛化类书目；（2）少儿英语教材主要针对少儿教学，旨在提高学生的听说技能，增强其语篇意识；（3）科技英语教材专业性较强，因其内容涉及科技类知识；（4）学术英语教材针对英语水平中高级的学生，用来培养他们的语法、词汇、语义协商能力以及各类学习能力；（5）多媒体教材目前比较普及，提供多种学习方式，使用起来灵活；（6）自学英语教材主要用于开放式学习环境，学生通过使用教材自行学习；（7）泛读教材话题丰富、内容有趣，主要用来获取信息或理解大意，没有考试或课后练习等，难度在学生语言能力范围之内。

笔者根据以上分类方法，结合翻译教材特点，将翻译教材分为以下几类，见表10。

表10 翻译教材分类

分类类别		主要特征
口译教材	通用口译教材	针对口译进行泛化指导教学
	专业口译教材	主要针对某一个专业领域进行口译教学，如经贸、外交等专业领域
	口译实践教材	主要以口译实践为核心，通过尝试分析的方式进行教学。包括口译实践教学、口译例析等
笔译教材	通用笔译教材	针对笔译进行泛化指导教学
	专业笔译教材	针对某一个专业领域进行笔译教学，如法学、医学、科技等专业领域
	笔译实践教材	以笔译实践为核心，通过案例分析的方式进行教学。包括译文对比分析、翻译手册等
	机器翻译教材	针对机器翻译的原理、方法等进行教学

续表

分类类别	主要特征
应试翻译教材	针对考研、大学四六级、翻译资格证考试等进行编写,主要目的在于提高学生的应试能力,顺利通过各类翻译考试
学术翻译教材	针对翻译学理论进行教学

其中,根据翻译教材类型及技术水平,所出版的机器翻译教材均指导笔译工作,故将其放入笔译教材类别之下。对于应试教材而言,虽然其也分笔、口译两种不同的类型,但是因应试类教材的目标不同于其他类别——其主要目的在于通过考试——所以在此将应试翻译教材单独列为一类。而学术翻译教材的内容主要用于理论学习,可用于指导口笔译实践,所以作为一类单独列出。

2.2　1949—2001年翻译教材出版情况

本文基于《全国总书目》1949—2001年数据,整理统计了翻译教材出版情况:53年间,我国共出版翻译教材516本。笔译类教材共356本,占比68.9%,其余口译类教材47本、应试翻译教材90本、学术翻译教材23本。其中,机器翻译教材出版量最小,仅有4本;专业口译教材和口译实践教材,各自也仅出版8本;与之相反,出版量最大的是通用笔译教材,为166本;同样在数量上占有一定优势的还有专业笔译教材,共出版了114本。各类翻译教材出版数量情况见图17。1949—2001年期间,第一本翻译类教材于1951年出版,从1951年到1958年共出版翻译教材11本,属于通用翻译教材,主要以俄汉翻译技巧和英汉翻译技巧为内容。1959—1978年20年间,翻译教材出版出现空白期,无翻译教材出版。1979—2001年,翻译教材出版处于蓬勃发展期,每年的翻译教材出版数量情况见图18。

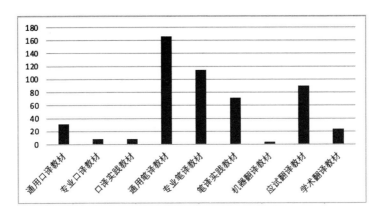

图 17　各类翻译教材出版数量

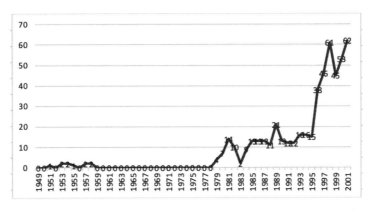

图 18　每年翻译教材数量曲线图

为显化数据变化趋势，我们对比了笔译类教材、口译类教材、应试翻译教材及学术翻译教材每年的数据变化，并以折线图展示（图 19）。通过图中几条折线的变动，可以发现笔译类教材从 1951 年就开始发展。1951—1958 年，笔译类教材数量有小幅变动。建国初期，国内不断求发展，许多方面需要借鉴其他国家，尤其是当时的苏联。因此国内急需一批懂得如何将外文转化为中文的人才，由此笔译教材不断出版，其目的也是培养更多翻译人才服务国家。自 1979 年开始，各类翻译教材数目均开始呈明显上升趋势，其中发展最快最迅速的是笔译类教材，呈曲折上升趋势，其在数量上也远胜其他类翻译教材。

紧随笔译类教材的是应试翻译教材。应试翻译教材的发展虽然起步较晚，但自 1995 年开始，应试翻译教材数量陡增，直接超越口译类教材。应试类翻译教材的超速发展反映了当时的变化。中国的翻译资格考试始于 1995 年上海市率先试行的"外语口译岗位资格证书考试"（简称 SIA）。1995—2000 年可以被看作中国翻译资格考试的起步阶段，这个阶段 SIA 一枝独秀。作为改革开放的前沿，上海最早意识到翻译人才在对外交流中的重要性，于是在 1994 年 5 月将 SIA 确立为上海市紧缺人才培训工程项目之一，并于 1995 年 6 月正式开考（黄敏、刘军平，2017：49）。另外，口译类教材和学术翻译教材的发展则相对缓慢。这一时期口译教材数量虽不占优势，但编写与出版却也稳步前进。相较而言，学术翻译教材几乎停滞，这也体现出在当时译界重心放在尽快培养出一批符合国家需求的翻译人才以尽早投入工作。但学术类翻译教育被忽视，从而相应教材出版数量处于劣势。

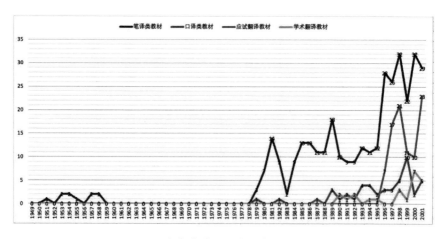

图 19　每年各类翻译教材数量曲线图

3. 翻译政策与翻译教材出版的相关性

本节主要通过两种统计方式，探索研究翻译教材和翻译政策之间的关系，分析统计计算结果，并针对翻译教材不足之处提出建议。

3.1 基于混合效应逻辑斯蒂回归分析的翻译政策与口笔译教材相关性研究

翻译教育会受翻译政策影响。我国虽未有明确的翻译政策,但日常生活中的各类政策或多或少都会影响翻译活动,因此翻译政策有很大的包容性(Meylaerts,2011)。本文聚焦于 1949—2001 年的公共政策,通过整理公共政策中与翻译相关内容,基于混合效应逻辑斯蒂回归模型,探索何类翻译政策如何影响翻译教材出版,从而引导翻译教育发展。

公共政策被广泛应用于社会各个领域,研究者从不同分析角度,应用理论与方法研究政策现象。如果抽象概括具体的政策表现形式,可以给出一个较简明的公共政策定义:所谓公共政策实际是指政府的行为,即政府选择做的事情(谢明,2020:3-4)。根据不同标准,公共政策可以分为不同种类。国内现有公共政策研究方面主要从社会生活约定俗成的领域将其分为:经济政策、政治政策、社会政策、文化政策等(邱伟华、余飞跃,2013:146)。本文以此分类为标准,以《新华网》(2021)发布的中国共产党一百年大事记为文献基础,整理归类每年政策中与翻译相关的部分,并将其归纳为翻译政策的四个类别:经济类、政治类、社会类和文化类。

翻译政策中经济类方向主要包括各时期对外开放的经济政策,如建议对国外开放通商口岸等,这会涉及翻译人才的需求,因此与翻译教材有关;翻译政策政治类主要涉及外交政策,因对外政治交涉需要翻译介入,故将其纳入政治类别中;翻译政策社会类主要与科技息息相关,在学习国外科学技术发展经验时,翻译则扮演重要角色;翻译政策文化类体现在教育中,新中国成立后,我国教育不断调整发展,外语教育在教育与国际接轨过程中扮演重要角色。翻译的重要性不言而喻。

本文运用的混合效应逻辑斯蒂回归模型是一种多变量统计分析方法,近年来,它在社会语言学、心理语言学、语料库语言学和认知语言学等领域广泛应用(张懂,2020:100)。该模型主要通过运算已有变量及数据,从而预测未来的可能性结果。逻辑斯蒂回归模型的反应变量要求是类别型变量(通常是二分类),符合二项分布。逻辑斯蒂回归模型属于广义线性模型，其反应变量的取值范围要求为"[0，1]"（张懂，2020：100）。基于此，本文将当年有无某类政策作为变量之一，有某种政策则为"1"，无则为"0"。同时为使模型数据更加合理清晰，本文对翻译教材的类别进一步归类筛选。根据教材内容和教学目的，学术类翻译教材和应试类教材无法直接将其归入笔译类或者是口译类教材，故在计算时筛除了这两类教材。机器翻译教材因其性质特殊以及数量甚小，故未将其纳入计算范围内。完成以上筛选分类后，所有代入模型里的书籍可按照两种途径分类。教材内容形式作为随机效应，我们将其分为三类：通用类教材、实践类教材、专业类教材。而教材的指导形式作为混合效应逻辑斯蒂回归模型的反应变量，我们将其分为两类：笔译类教材和口译类教材。在该模型中，我们将对所有预测变量是否显著影响反应变量逐一讨论，各预测量在相应年份的频数见表11。反应变量水平标注为"1"（笔译类教材）和"0"（口译类教材）。

表11 混合效应逻辑斯蒂回归分析数据情况

年份	翻译政策情况（有为"1"，无为"0"）				教材情况（各类书籍数量）					
	经济	政治	社会	文化	通用类		实践类		专业类	
					笔译	口译	笔译	口译	笔译	口译
1951	0	0	0	0	1	0	0	0	0	0
1953	0	1	0	1	2	0	0	0	0	0
1954	0	1	0	0	1	0	1	0	0	0
1955	0	1	0	0	1	0	0	0	0	0
1957	1	1	0	0	2	0	0	0	0	0
1958	0	0	0	0	2	0	0	0	0	0
1979	1	1	0	0	1	1	0	0	2	0
1980	1	1	0	0	1	0	0	0	5	0
1981	1	1	1	0	10	0	0	0	4	0
1982	0	1	0	0	2	1	0	0	7	0

续表

年份	翻译政策情况（有为"1"，无为"0"）				教材情况（各类书籍数量）					
	经济	政治	社会	文化	通用类		实践类		专业类	
					笔译	口译	笔译	口译	笔译	口译
1983	0	0	0	1	1	0	1	0	0	0
1984	1	1	0	0	3	0	4	0	2	0
1985	1	1	0	0	5	0	0	0	8	0
1986	1	1	1	0	3	0	1	0	9	0
1987	0	1	1	0	3	0	2	0	6	0
1988	0	0	1	0	4	0	2	0	5	0
1989	0	1	0	0	9	1	5	1	4	1
1990	0	1	0	0	3	1	2	0	5	0
1991	0	0	0	0	4	2	3	0	2	0
1992	1	0	1	0	3	1	2	0	4	0
1993	0	1	0	1	8	3	1	0	3	1
1994	1	0	0	0	4	2	4	0	3	2
1995	1	0	1	0	7	2	2	0	3	0
1996	1	1	0	1	17	0	5	2	6	1
1997	1	1	0	0	17	3	3	0	6	0
1998	0	1	0	0	13	4	9	0	10	1
1999	0	1	0	1	14	6	4	3	4	1
2000	1	1	0	0	11	2	9	0	12	0
2001	1	0	0	0	14	2	11	2	4	1

本文在 Excel 软件中标注数据。其中，每一列为标注的变量，每一行为每一个实例构式的属性特征，即观测值。对所有例子特征标注后，即可得到本文要统计和分析的数据集。将数据代入模型，最后结果如图

20 所示。通过观察模型统计结果中回归系数的参数估计值（estimate）和 p 值，可以发现：翻译政策中的政治类（POL1）、社会类（SOC1）、文化类（CUL1）的有无对笔译类、口译类教材出版有显著影响，经济类（ECO1）则不具备显著影响效果。

```
Generalized linear mixed model fit by maximum likelihood (Laplace Approximation) ['glmerMod']
 Family: binomial  ( logit )
Formula: TRAN ~ ECO + POL + SOC + CUL + (1 | BOOK)
   Data: DATAF

     AIC      BIC   logLik deviance df.resid
   283.7    307.6   -135.8    271.7      393

Scaled residuals:
    Min      1Q  Median      3Q     Max
-4.1121  0.2432  0.2912  0.4060  0.8925

Random effects:
 Groups Name        Variance Std.Dev.
 BOOK   (Intercept) 0.03992  0.1998
Number of obs: 399, groups:  BOOK, 3

Fixed effects:
            Estimate Std. Error z value Pr(>|z|)
(Intercept)   1.2224     0.4191   2.916  0.00354 **
ECO1          0.5037     0.3339   1.509  0.13141
POL1          0.9045     0.3961   2.283  0.02240 *
SOC1          1.2649     0.6391   1.979  0.04780 *
CUL1         -0.8320     0.3791  -2.195  0.02819 *
---
Signif. codes:  0 '***' 0.001 '**' 0.01 '*' 0.05 '.' 0.1 ' ' 1

Correlation of Fixed Effects:
     (Intr) ECO1   POL1   SOC1
ECO1 -0.546
POL1 -0.667  0.174
SOC1 -0.274  0.005  0.185
CUL1 -0.108  0.152 -0.334  0.106
```

图 20　混合效应逻辑斯蒂回归分析结果

回归系数参数估计值可以反映不同政策对笔译教材的影响。某一政策的回归系数参数估计值为正，表明相较于其参照水平，该因素增加了笔译类教材的出版概率；某一政策的回归系数参数估计值为负，表明相较于其参照水平，该因素增加了口译类教材的出版概率。因此，通过观察不同翻译政策类别的回归系数可知，当翻译政策中有政治类和社会类时，笔译类教材出版量会明显增多；而当翻译政策中有文化类时，口译类教材出版量会明显增多。

本研究中随机效应指不同类型教材对口笔译内容选择产生的影响效应。本研究中教材类型的调整截距值大于 0（图中偏右），说明该类教材的内容多为笔译类；教材类型的调整截距值小于 0（图中偏左），说明该类教材倾向于以口译为主要内容。如图 21 所示，专业类教材（PRO）、实践类教材（PRA）与笔译相关性高，而通用类（GEN）则与口译相关性更高。

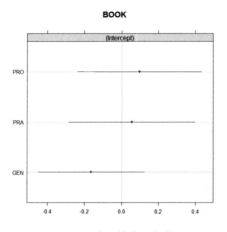

图 21 随机效应可视化

通过使用混合效应逻辑斯蒂回归分析，我们发现如果翻译政策中有政治类和社会类相关决策时，笔译教材的出版就会明显增多。而口译教材出版的增多则与翻译政策中文化类决策紧密相关。如前文所述，翻译政策中的政治类和社会类与当年外交与科技方面的举措密切相连。这一数据恰好反映了笔译人才和口译人才培养模式的不同性质，以及我国翻译教育是如何通过调整口笔译培养方式来配合国家各项政策要求。在混合效应逻辑斯蒂回归分析中，我们主要探索各类政策如何与翻译教材出版现象直接相关联。虽然经过数据统计，发现经济类政策对翻译教材的直接影响不大，但作为宏观政策的重要组成部分，也通过影响其他类政策实施从而指导翻译教材的出版。未来可进一步探索经济政策如何通过影响其他政策的实施，进而影响翻译实践现象。

新中国成立后，我国致力于与各国建立友好关系的同时，大力壮大自身科技力量。为了更好地与他国开展交流并迅速提升科技水平，翻译人才的培养也会受翻译政策影响，进而出现倾向性。此外，笔译人才培养在效率上比口译人才培养更快，因此为了能够更快速地产出服务国家的译员群体，笔译培养力度也会增加，与之相应笔译类教材的数量也开始增加。另外，在翻译政策的文化类别中，与翻译相关的教育决策会更多影响口译类教材的发展。这一结论产生的主要原因则是口译类资格证考试的创立以及口译教材的数量基数较小。笔译教材发展时间早、出版数量多，影响其发展的因素多种多样。虽然文化类翻译政策也会对其产生影响，但是在多因素的影响下，其效力则有所减少。反观口译类教育，它起步晚，出版书目整体数量小，所以在某一时期的数量有较大幅度增加时，说明这一时期政策影响效果凸显。如图19折线图所示，口译类教材在1999年的时候到达了一个最高点，当时国家发布了《面向21世纪教育振兴行动计划》来指导未来的教育发展。其中提出："加强国际学术交流……由国家资助，选拔大学系主任和研究所、实验室骨干作为高级访问学者，有针对性地到国外一流大学进行研修交流。邀请海外知名学者特别是世界一流大学教授任国内大学客座教授，来华进行短期讲学和研究。"（人民教育，1999：6）我国与国外教育交流增加，双方交换机会增多，从而对口语的要求也会更高。在这个过程中，对口译人才需求也会加大，因此文化类翻译政策影响了口译教材的出版。根据模型最后的计算结果，我们能够发现各类翻译政策对口笔译类教材发展趋势的指导意义，通过合理调整翻译政策，我们也许能够更好地指导翻译教育。

在图21中，我们发现专业类和实践类教材对笔译倾向性更大，而通用类教材对口译的倾向性更大。专业类教材主要包括医学翻译教程、经贸翻译教程等专业的翻译类书籍。这一类翻译一般较为困难，对译者要求较高：译者不仅需要精通两门语言，还需涉猎相关专业知识。因此，这一类教材主要以笔译为主。并且，当时国内积极地向国外学习先进科技，许多科技类专业性书目也需要大量笔译人才翻译，故专业笔译类教材应运而生。长期以来，通过翻译实践、实例分析等方式来提高笔译能力也是颇受欢迎的一种教学方式，所以笔译与实践类教材的相互关系也更加紧密。针对口译方面，通用类教材的地位比较突出。我们发现在数量本不多的口译类教材中，通用类口译教材占比达66%。从数据层面来分析，这两者之间的关联度颇大。观察这个数据，我们也能发现口译类教材内容比较固定，主要以理论、技巧、练习等混合型内容为主。也许在未来口译教材发展中，我们能进一步发现不同类型的口译教材。

3.2 翻译政策与学术类、应试类教材的相关性分析

在上一节中，因为应试类翻译教材和学术翻译类教材的特殊性，我们将其从模型数据统计中筛除。本节主要将目光聚焦于应试类和学术类，探讨不同类别翻译政策与这两者之间的相互关系。

我们将有经济类、政治类、社会类或文化类翻译政策的年份分别单独排列，统计在这些年份中出版的应试类和学术类翻译教材数量分别为多少。统计情况如表 12 所示。

表 12 各类翻译政策对应的翻译教材书目

	经济	政治	社会	文化
学术类翻译教材	16	13	3	1
应试类翻译教材	57	67	1	18
其他类翻译教材	229	299	73	83

将上述数据导入 R 语言软件，根据算法对数据对应分析，得到对应分析图（图 22）。图中有两个维度，将其分为四个象限，三角形状点与圆点越近，说明两者相关性越强。如图 22 所示，学术翻译教材（ACADEM）与各类翻译政策的距离都比较远，而应试翻译教材（TEST）虽然与各类翻译政策的距离较近一些，它与文化类翻译政策（CUL）、政治类翻译政策（POL）和经济类翻译政策（ECO）距离几乎相同。图中的 OTHERS 为除应试类翻译教材和学术类翻译教材以外的其他教材，在这里不做讨论。我们发现，学术翻译教材与各类政策的相关性较低，这不仅与其数据本身较小有关，同时与翻译发展相对应。在翻译教育中，翻译理论教育一直较为欠缺。在翻译教学中，大家更注重实践能力的提升，将其应用性放到了很高的地位，但却忽视了理论发展。但翻译学作

为一个庞大而完整的学科，应用和理论处于同等重要的地位。通过理论指导实践，在实践中证实理论，是一个良好的循环过程。希望在未来的发展中，能看到学术类翻译教材的增长，并进一步研究探寻其促进翻译学术领域发展的途径。另外，应试类教材主要目标是协助学生通过考试，影响其发展的主要因素是考试，而考试制度的制定与形成也是一个汇合各类政策、统筹考虑的过程，具有一定复杂性。因此，也能理解应试类教材与各类翻译政策的距离几乎相同。比较有意思的一个发现在于，社会类翻译政策与其距离极远，背后缘由值得进一步探究。

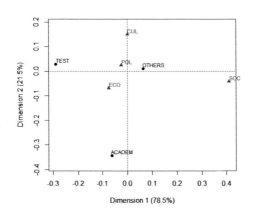

图 22　翻译政策与翻译教材对应分析

4. 结论

本文对 1949—2001 年翻译教材数量进行统计，并从翻译政策角度探讨各类政策与翻译教材书目之间的关系，运用混合效应逻辑斯蒂回归模型和相关性分析，对数据进行拟合解释，最后发现政治类翻译政策和社会类翻译政策会促进笔译类教材的发展，文化类翻译政策会促进口译类教材的出版。针对学术类翻译教材和应试类翻译教材，我们发现学术类翻译教材的出版与各类政策相关性不大，而应试类翻译教材则与几个政策相关性基本相同。从对翻译教材数据的概述，到模型的最终计算结果，我们发现笔译类翻译教材整体发展优于口译类翻译教材，应试类翻译教材在各类考试催化下也层出不穷，相较之下，学术类翻译教材亟待进一步拓展。

本文数据虽包括 1949—2001 年，但数据发现，翻译教材的发展还有很大空间。未来还可以进一步探索 2001 年至今的翻译教材出版情况，从而验证该模型的可行性与预测性效度。但是通过对已有数据的分析，我们还是能对一些问题窥见一斑。如何将口译教材做得更丰富多彩，进一步增加口译的教学方式；如何将学术类翻译教育进一步扩大，让译者更有理论学习意识；如何通过调整翻译政策，更好地从宏观层面影响翻译人才培养，这些都是需进一步思考解决的问题。

参考文献

[1] Meylaerts, R. *Handbook of Translation Studies*[M]. Amsterdam: John Benjamins Publishing Company, 2011.

[2] 北京图书馆版本书库 . 1970 全国总书目 [M]. 北京：中华书局，1971.

[3] 国家出版事业管理局版本图书馆 . 1972 全国总书目 [M]. 北京：中华书局，1974.

[4] 国家出版事业管理局版本图书馆 . 1973 全国总书目 [M]. 北京：中华书局，1976.

[5] 国家出版事业管理局版本图书馆 . 1974 全国总书目 [M]. 北京：中华书局，1977.

[6] 国家出版事业管理局版本图书馆 . 1975 全国总书目 [M]. 北京：中华书局，1979.

[7] 国家出版事业管理局版本图书馆 . 1976 全国总书目 [M]. 北京：中华书局，1980.

[8] 国家出版事业管理局版本图书馆 . 1977 全国总书目 [M]. 北京：中华书局，1981.

[9] 黄敏，刘军平 . 中国翻译资格考试二十年：回顾、反思与展望 [J]. 外语电化

教学, 2017(1): 49-54.

[10] 刘明, 孙增德. 《华英翻译捷诀》——近代第一本翻译教材 [J]. 上海翻译, 2013(1): 73-77.

[11] 面向 21 世纪教育振兴行动计划（摘要）[J]. 人民教育, 1999(4): 5-9.

[12] 邱伟华, 余飞跃. 公共政策科学分类与解决社会问题的逻辑框架 [J]. 华东经济管理, 2013, 27(1): 146-149.

[13] 施春花. 编辑经管类翻译教材常见问题举例 [J]. 中国编辑, 2014(2): 40-42.

[14] 陶友兰. 翻译目的论观照下的英汉汉英翻译教材建设 [J]. 外语界, 2006(5): 33-40.

[15] 陶友兰. 中国英汉汉英翻译教材编写发展史 [J]. 翻译季刊, 2011(60): 36-66.

[16] 王建国. 功能翻译理论与我国的翻译教材建设 [J]. 语言与翻译, 2004(2): 58-60.

[17] 王雪梅. 英语专业研究生教材的内涵、分类与应用 [J]. 外语界, 2012(4): 88-96.

[18] 文化部出版事业管理局版本图书馆. 全国总书目 1956[M]. 北京：中华书局, 1957.

[19] 文化部出版事业管理局版本图书馆. 全国总书目 1957[M]. 北京：中华书局, 1958.

[20] 文化部出版事业管理局版本图书馆. 全国总书目 1958[M]. 北京：中华书局, 1959.

[21] 文化部出版事业管理局版本图书馆. 全国总书目 1959 上册 [M]. 北京：中华书局, 1960.

[22] 文化部出版事业管理局版本图书馆. 全国总书目 1959 下册 [M]. 北京：中华书局, 1960.

[23] 文化部出版事业管理局版本图书馆. 全国总书目 1960[M]. 北京：中华书局, 1961.

[24] 文化部出版事业管理局版本图书馆. 全国总书目 1961[M]. 北京：中华书局, 1962.

[25] 文化部出版事业管理局版本图书馆. 全国总书目 1962[M]. 北京：中华书局, 1963.

[26] 文化部出版事业管理局版本图书馆. 全国总书目 1963[M]. 北京：中华书局，1964.

[27] 文化部出版事业管理局版本图书馆. 全国总书目 1964[M]. 北京：中华书局，1965.

[28] 文化部出版事业管理局版本图书馆. 全国总书目 1965[M]. 北京：中华书局，1966.

[29] 文化部出版事业管理局版本图书馆. 1978 全国总书目 [M]. 北京：中华书局，1982.

[30] 徐珺. 基于语料库的英语翻译教材与翻译教学研究现状分析 [J]. 外语电化教学，2008(5): 16-22.

[31] 辛铜川. 国内医学翻译教材历史和现状评析 [J]. 外语研究，2014(2): 56-59.

[32] 谢明. 公共政策导论 [M]. 北京：中国人民大学出版社，2020.

[33] 新华书店. 全国总书目 1949—1954[M]. 新华书店总店编印，1955.

[34] 新华书店. 全国总书目 1955[M]. 新华书店总店编印，1957.

[35] 新华网. 中国共产党一百年大事件（1921 年 7 月—2021 年 6 月）[EB/OL]，2021-06-28.

[36] 新闻出版署信息中心，中国版本图书馆. 1990 全国总书目 [M]. 北京：中华书局，1996.

[37] 新闻出版署信息中心，中国版本图书馆. 1991 全国总书目（上册）[M]. 北京：中华书局，1997.

[38] 新闻出版署信息中心，中国版本图书馆. 1992 全国总书目（上册）[M]. 北京：中华书局，1998.

[39] 新闻出版署信息中心，中国版本图书馆. 1993 全国总书目（上册）[M]. 北京：中华书局，1999.

[40] 新闻出版署信息中心，中国版本图书馆. 1994 全国总书目（上册）[M]. 北京：中华书局，1999.

[41] 新闻出版署信息中心，中国版本图书馆. 1995 全国总书目（上册）[M]. 北京：中华书局，2000.

[42] 新闻出版署信息中心，中国版本图书馆. 1996 全国总书目（上册）[M]. 北京：中华书局，1998.

[43] 新闻出版署信息中心, 中国版本图书馆. 1997 全国总书目（上册）[M]. 北京：中华书局, 2000.

[44] 新闻出版署信息中心, 中国版本图书馆. 1998 全国总书目（上册）[M]. 北京：中华书局, 2001.

[45] 新闻出版署信息中心, 中国版本图书馆. 1999 全国总书目（上册）[M]. 北京：中华书局, 2001.

[46] 新闻出版署信息中心, 中国版本图书馆. 2000 全国总书目（上册）[M]. 北京：中华书局, 2002.

[47] 新闻出版署信息中心, 中国版本图书馆. 2001 全国总书目（上册）[M]. 北京：中华书局, 2003.

[48] 叶红卫, 刘金龙. 英汉翻译教材编写的问题与对策 [J]. 出版发行研究, 2014(8): 74-76.

[49] 曾剑平, 林敏华. 论翻译教材的问题及编写体系 [J]. 中国科技翻译, 2010, (4): 41-43+15.

[50] 张美芳. 中国英汉翻译教材研究（1949—1998）[M]. 上海：上海外语教育出版社, 2001.

[51] 张美芳. 探索翻译教材建设, 促进翻译专业教育——《我国翻译专业教材建设：理论构建与对策研究》述评 [J]. 上海翻译, 2015(2): 54-57.

[52] 张巍然. 大学英语翻译教材编写的困境和对策 [J]. 出版发行研究, 2018(7): 65-68.

[53] 张懂. 混合效应逻辑斯蒂回归模型的原理及其应用 [J]. 语料库语言学, 2020, 7(2): 100-111.

[54] 赵军峰, 罗雯琪. 国内法律翻译教材现状分析（1992—2012）[J]. 中国翻译, 2012, 33(5): 48-52.

[55] 郑艳杰. 翻译教材编写中的方法论 [J]. 中国科技翻译, 2013, 26(2): 41-43+50.

[56] 中国版本图书馆编. 1966—1969 全国总书目 [M]. 北京：中华书局, 1987.

[57] 中国版本图书馆编. 1971 全国总书目 [M]. 北京：中华书局, 1988.

[58] 中国版本图书馆编. 1979 全国总书目 [M]. 北京：中华书局, 1983.

[59] 中国版本图书馆编. 1980 全国总书目 [M]. 北京：中华书局, 1984.

[60] 中国版本图书馆. 1981 全国总书目 [M]. 北京：中华书局, 1985.
[61] 中国版本图书馆. 1982 全国总书目 [M]. 北京：中华书局, 1985.
[62] 中国版本图书馆. 1983 全国总书目 [M]. 北京：中华书局, 1986.
[63] 中国版本图书馆. 1984 全国总书目 [M]. 北京：中华书局, 1988.
[64] 中国版本图书馆. 1985 全国总书目 [M]. 北京：中华书局, 1988.
[65] 中国版本图书馆. 1986 全国总书目 [M]. 北京：中华书局, 1989.
[66] 中国版本图书馆. 1987 全国总书目 [M]. 北京：中华书局, 1991.
[67] 中国版本图书馆. 1988 全国总书目 [M]. 北京：中华书局, 1992.
[68] 中国版本图书馆. 1989 全国总书目 [M]. 北京：中华书局, 1994.

A Study on the Relevance of Translation Textbooks and Translation Policies — Based on the National Bibliography (1949—2001)

Chen Xiaolu   Wen Jun

(Beihang University)

Abstract: Translation teaching is an extremely important branch of translation studies. This paper mainly takes the National General Bibliography from 1949 to 2001 as the data basis, and makes statistics on the situation of translation textbooks during this period. Through the mixed-effect logistic regression model and correlation analysis, it intends to explain the relationship between translation policy and translation textbooks.

Keywords: translation textbooks; translation policy; mixed-effect logistic regression model

翻译行业

京津冀语言服务竞争力评价与分析[①]

王立非[②] 栗洁歆[③]

（北京语言大学）

【摘 要】 本研究采用语言服务竞争力评价指标体系，对京津冀语言服务竞争力进行评价。研究发现，(1) 京津冀语言服务综合竞争力处于中等水平；(2) 京津冀的语言服务产业环境竞争力需要充分发挥北京和河北的各自优势；(3) 京津冀语言服务行业竞争力不平衡，北京语言服务行业竞争力强，产值增长幅度和市场规模大；(4) 北京语言服务基础设施建设成绩显著，远远领先天津和河北；(5) 京津冀语言服务企业总体竞争力较强，北京语言服务企业集聚；(6) 京津冀语言服务人才竞争力很强，人才聚集效应显著。本研究对国内语言服务行业发展、语言服务教育和研究具有一定启示。

【关键词】 竞争力评价；语言服务；京津冀协同发展

[①] 本文为国家语委"十三五"科研规划 2020 年度重大项目"新时代中国特色语言管理理论建构研究"（项目编号：ZDA135-16）的相关成果，同时得到 2020 年北京市社会科学基金重点项目"'一带一路'语言服务便利度测量模型构建与应用"（项目编号：20YYA002）和北京语言大学语言资源高精尖创新中心立项课题"京津冀、长三角、大湾区语言服务竞争力评价研究"（项目编号：KYR19026）资助。

[②] 王立非，博士，北京语言大学高级翻译学院教授，国际语言服务专业博士生导师，研究方向为语言教育、语言服务。

[③] 栗洁歆，北京语言大学高级翻译学院博士生，研究方向为商务英语、语言服务。

引言

京津冀区域位于华北，面积约为21.6万平方公里，占全国的2.3%，包括北京、天津及河北保定、唐山、廊坊、石家庄、邯郸、秦皇岛、张家口、承德、沧州、邢台、衡水等11个地级市。《京津冀协同发展规划纲要》正式实施使京津冀协同发展上升为国家重大战略。2020年，京津冀地区实现生产总值86393.2亿元。语言服务业在促进京津冀协同发展的"内循环"和对外融通的"外循环"发展中发挥着基础性、前导性和战略性作用。雄安新区建设、中国（北京）自由贸易试验区、北京2022冬奥会等一系列重大发展战略和事件带动形成了更高层次和更高水平的改革开放新格局，促进京津冀语言服务行业不断发展。本研究采用六维度语言服务竞争力评价指标体系（王立非、金钰珏、栗洁歆，2022），评价京津冀语言服务产业发展现状和竞争力，为国内语言服务行业发展、语言服务教育和研究提供了参考与启示。

1. 语言服务竞争力评价方法

语言服务分类有多种维度，如可以按国界分为本国语言服务和跨国语言服务，或可以按语种分为中文服务或外语服务（袁军，2014；赵世举，2012），也可以按广义和狭义区分（王立非、任杰，2022）。本研究的语言服务指以跨语言能力为核心，以信息转化、知识转移、文化传播、语言提高为目标，为高新科技、国际经贸、涉外法律、国际传播、政府事务、外语培训等领域提供语言翻译、技术研发、工具应用、资产管理、营销贸易、投资并购、研究咨询、培训考试等专业化服务的现代服务业（王立非，2020）。

语言服务竞争力指经济主体双方或多方在市场竞争过程中角逐形成的获取、优化和配置语言资源或占领语言市场的比较优势和综合实力

（王立非、金钰珏、栗洁歆，2022）。本次语言服务竞争力评价采用六维度的语言服务竞争力评价指标体系（王立非、金钰珏、栗洁歆，2022），包含语言服务产业环境竞争力、语言服务行业竞争力、语言服务基础设施竞争力、语言服务技术竞争力、语言服务企业竞争力、语言服务人才竞争力6个一级指标和39个二级指标。语言服务产业环境竞争力一级指标权重为15%，包含9个二级指标；语言服务行业竞争力一级指标权重为20%，包含5个二级指标；语言服务基础设施竞争力指标一级权重为10%，包含6个二级指标；语言服务技术竞争力指标一级权重为15%，包含5个二级指标；语言服务企业竞争力一级指标权重为20%，包含7个二级指标；语言服务人才竞争力一级指标权重为20%，包含7个二级指标（见表13）。

表13 语言服务竞争力评价指标体系

一级指标	代码	权重(%)	二级指标	代码	权重(%)
1.语言服务产业环境竞争力	A1	15	1.区域GDP增长情况	B11	20
			2.社会固定资产投资	B12	10
			3.社会消费品零售额	B13	10
			4.城乡居民收入增长	B14	10
			5.消费价格指数变化	B15	10
			6.对外贸易投资形势	B16	10
			7.区域人口环境现状	B17	10
			8.区域教育环境现状	B18	10
			9.区域城镇化率趋势	B19	10
2.语言服务行业竞争力	A2	20	1.语言服务行业增加值	B21	20
			2.语言服务市场总规模	B22	20
			3.语言服务市场增长趋势	B23	20
			4.语言服务市场业态分布	B24	20
			5.语言服务市场报价	B25	20

续表

一级指标	代码	权重(%)	二级指标	代码	权重(%)
3. 语言服务基础设施竞争力	A3	10	1. 语言服务管理部门设置	B31	20
			2. 语言服务政策与法规	B32	20
			3. 语言服务标准与规范	B33	10
			4. 语言资源数据库建设	B34	20
			5. 语言服务商信息查询	B35	10
			6. 开放式翻译服务在线平台	B36	20
4. 语言服务技术竞争力	A4	15	1. 翻译技术普及率	B41	20
			2. 本地化技术应用率	B42	20
			3. 语言大数据技术应用	B43	20
			4. 语言智能技术研发	B44	20
			5. 语言管理技术水平	B45	20
5. 语言服务企业竞争力	A5	20	1. 语言服务企业区域分布	B51	15
			2. 语言服务企业数量	B52	15
			3. 语言服务企业规模	B53	15
			4. 语言服务企业总产值	B54	15
			5. 语言服务企业类型构成	B55	15
			6. 语言服务企业海外市场规模	B56	10
			7. 语言服务企业人才招聘数	B57	15
6. 语言服务人才竞争力	A6	20	1. 开办外语专业高校数量	B61	15
			2. 开办外语专业数量	B62	15
			3. 开办外语语种数量	B63	15
			4. 招收翻译硕士数量	B64	15
			5. 语言培训机构数量	B65	10
			6. 院校招收语言学生数量	B66	15
			7. 语言服务人才市场需求量	B67	15

语言服务竞争力指标体系验证结果显示（王立非、金钰珏、栗洁歆，2022），语言服务产业环境竞争力、行业竞争力、基础设施竞争力、技术竞争力、企业竞争力、人才竞争力六个一级指标的信度和效度较好，重要性总均值为 4.7，满分率总平均为 78%，变异系数总平均为 0.12。二级指标验证结果显示，重要性均值≥4.2~5.0，满分率≥50%~100%，变异系数≤0.01~0.21。一级指标和二级指标的重要性均值都超过了 3.5 的阈值，满分率都超过了 50%，变异系数都低于 0.25 的阈值，说明专家意见高度一致，一级指标设置合理，二级指标的客观性和区分度较好。

2. 语言服务竞争力评价方法

本研究提出以下三个问题：（1）京津冀语言服务综合竞争力呈现何种特点？（2）京津冀在各项语言服务竞争力指标上是否存在差异，有何特点？（3）基于研究结果对京津冀语言服务竞争力提升有哪些建议？

本研究采集了 2000—2020 年间京津冀协同发展语言服务业相关数据和信息，对六大指标数据进行整理、清洗和归类，构建了 2000—2020 年间的"京津冀语言服务竞争力评价数据库"，数据包括：（1）对语言服务专家、企业及客户调查和访谈的数据；（2）网上公开的语言服务信息和数据；（3）各类官方机构的数据库和国内外语言服务行业发展报告等。

本研究采用德尔菲法、大数据分析和综合指数评价三种方法。一是采用德尔菲法检验指标权重的合理性，由 10 位专家填写问卷，判断指标的信效度。二是采用大数据方法抓取网上公开数据资源：（1）批量型抓取，如院校外语专业数量。（2）增量型抓取，如不断抓取语言服务招聘更新信息。（3）垂直型抓取，如在企业网站中只抓取语言服务报价信息。三是采用综合指数评价方法，对 39 个二级指标数据清洗、集成、空缺值填充、赋值等，对正向指标主要采用最大—最小规范化、极大值规范化等方法，计算每个一级指标包含的二级指标均值，得到该一级指标的指数均值，对比分析和评价两市一省的六项语言服务竞争力指数。计算北京、天津、河北的六个一级指标的指数均值,得到两市一省语言服务综合竞争力指数和京津冀语言服务综合竞争力指数。综合竞争力指数处于1~0.81为很强,0.80~0.61为强,0.60~0.41为较强,0.40~0.21为一般,0.2以下为较弱,0.1以下为弱。

3. 结果与讨论

3.1 综合竞争力评价与分析

表14显示[①],京津冀语言服务综合竞争力指数为0.268,京津冀语言服务人才竞争力、行业竞争力、产业环境竞争力和企业竞争力四项指标较强,竞争力指数均超过0.330。语言服务技术和基础设施竞争力两项指标与其他指标相比较弱,为0.113和0.143,反映出京津冀在互联网、人工智能、大数据、云计算等新技术在语言服务中的研发和应用仍需不断加强。

表14 京津冀语言服务综合竞争力指数评价分析

省市(指标)	北京	天津	河北	指标均值
1. 语言服务产业环境竞争力	0.364	0.223	0.415	0.334
2. 语言服务行业竞争力	0.636	0.234	0.176	0.348
3. 语言服务基础设施竞争力	0.220	0.056	0.064	0.113
4. 语言服务技术竞争力	0.374	0.035	0.020	0.143
5. 语言服务企业竞争力	0.538	0.240	0.236	0.338
6. 语言服务人才竞争力	0.451	0.270	0.284	0.335
语言服务综合竞争力指数	0.431	0.176	0.199	0.268

---

① 本文评价数据除注明数据来源外均由北京语言大学国际语言服务研究院研制,文中不再逐一标注,特此说明。

区内比较显示，语言服务综合竞争力最强的是北京（0.431），其次是河北（0.199），天津位列第三（0.176）；河北和天津的语言服务综合竞争力水平接近，结果与预测一致；北京人才聚集效应强（0.451），除了语言服务产业环境竞争力指标落后于河北省之外，其它5项指数均遥遥领先区内其他省市，表现出强劲的实力；河北语言服务产业环境优于北京和天津，但在其他5项竞争力指标上均落后于北京或天津，有进一步发展和提升的空间。

3.2 分项竞争力评价与分析

3.2.1 产业环境竞争力

图23显示，北京和河北语言服务产业环境竞争力总体接近，指数分别为0.42和0.43，天津在6项指标上与北京和河北相比差距较大。北京和河北在语言服务发展的产业环境上优势不同，北京的优势主要在GDP增长率高（0.70）、居民收入增长率快（0.68）、对外贸易投资规模较大（0.27）、教育环境优势较明显（0.44）、城镇化率高（0.87）。河北的优势主要在GDP增长率高（0.70）、社会固定资产投资限制较少（0.57）、

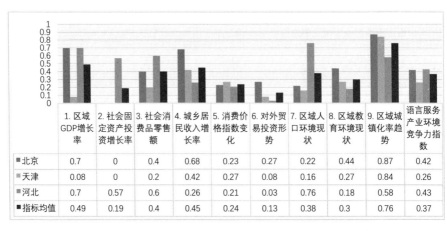

图23 京津冀语言服务产业环境竞争力指数评价与对比 [①]

---

① 数据来源：国家统计局统计公报。

消费价格指数较低（0.21）、人力资源充足（0.76），这些因素十分有利于语言服务企业发展。一方面，北京和天津城镇化率发展势头快，有利于促进语言服务企业发展；另一方面，两个直辖市的固定资产投资受到严格的政策限制，固定资产投资零增长，导致地价和房价不断上涨，加重语言服务中小企业的成本和负担，不利于企业生存和发展。从总体来看，除居民收入和城镇化率两个指标尚可外，天津在产业发展环境竞争力上与北京和河北相比没有明显优势[①]。

3.2.2 行业竞争力

图 24 显示，京津冀语言服务行业竞争力水平处于中等水平（0.35）。其中，北京最强（0.64），5 项二级指标指数排名第一，天津（0.23）和河北（0.18）均较弱。北京语言服务行业产值增长最快（0.94）。2019 年，北京注册翻译企业数为 1389 家，2020 年语言服务业总产值约 67.5 亿元，占比 22.41%，增长趋势保持良好势头。根据《中国语言服务产业研究》（罗慧芳、蒙永业，2020）测算，京津冀 2021 年语言服务产值将接近 80 亿元，服务业增加值增至 54998 亿元，占比 0.34%。

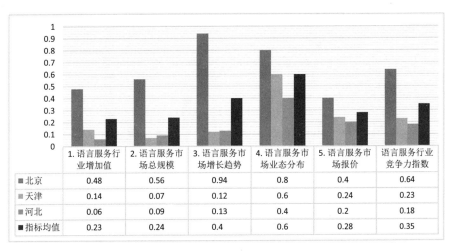

图 24　京津冀区域语言服务行业竞争力指数评价与对比

图 24 显示，在京津冀区域，北京语言服务市场规模最大（0.56），

---

① 数据来源：详细分析见 2019 年国家统计局统计公报。

业态分布指标最为突出（0.80），反映出不同领域对语言服务的需求大。语言服务需求最大的 8 个行业是信息技术、装备制造、生物医药、跨境电商、科技服务、国际传播、国际工程和能源行业（转引自崔启亮，2020），主要集中在笔译（80.7%）和口译（78.9%），其次为信息服务、翻译工具/软件开发、语言培训、技术写作、文档排版、本地化服务、机器译后编辑、字幕和配音。调查显示，技术写作、本地化服务、字幕和配音等上升幅度明显。对京津冀 550 家企业网站口笔译报价分析发现[①]，英语笔译报价在地区、语种和业态上存在明显差异。从地域看，北京报价最高，天津其次，河北最低；从报价看，英语笔译报价区间在每千字 100~500 元不等。66.5% 的企业选择议价方式。日语、韩语、德语、法语等语种笔译报价比英语高。

3.2.3 基础设施竞争力

图 25 显示，北京语言服务基础设施竞争力最强（0.22），特别是在语言资源库建设和开放式翻译服务平台建设上，河北语言服务基础设施建

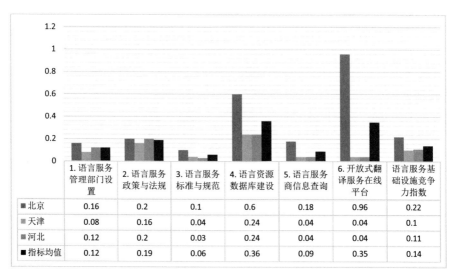

	1.语言服务管理部门设置	2.语言服务政策与法规	3.语言服务标准与规范	4.语言资源数据库建设	5.语言服务商信息查询	6.开放式翻译服务在线平台	语言服务基础设施竞争力指数
北京	0.16	0.2	0.1	0.6	0.18	0.96	0.22
天津	0.08	0.16	0.04	0.24	0.04	0.04	0.1
河北	0.12	0.2	0.03	0.24	0.04	0.04	0.11
指标均值	0.12	0.19	0.06	0.36	0.09	0.35	0.14

图 25 京津冀语言服务基础设施竞争力指数评价与对比

[①] 本结果是根据京津冀地区的 550 家企业的需求分析得出，具有一定的代表性，但没有涵盖京津冀地区所有语言服务企业。

设水平比较薄弱。据不完全统计，在京津冀建设的大型语言资源库有27个，北京市占了15个，建设主体多为高等院校和科研机构，如北京大学建设的新时代人民日报分词语料库和《人民日报》标注语料库、北京语言大学建设的北京冬奥术语库等。

北京发布的语言服务规划、规范或政策法规的数量最多，如《推动语言文字规范化　树立公共服务行业新形象》《北京市公共场所外语标识管理规定》等。天津出台了《天津市语言文字社会应用管理规定》，两市一省还签订了《京津冀语言文字事业协同发展战略协议书》。

北京语言服务企业比较重视提供译员资质介绍，有199家企业网站提供译员资质介绍，雇用全职口笔译员较多，兼职翻译队伍较齐备，语言服务人力资源管理理念和水平较领先。天津和河北译员资质管理水平还有很大的提升空间。京津冀区域的开放式翻译服务平台多集中在北京市，如百度翻译、网易有道、AliTranx, SmartCat platform 等。

3.2.4 技术竞争力

图26显示，总体来看，京津冀语言服务技术竞争力不强（0.14），虽然北京语言服务技术竞争力较强（0.37），语言科技企业主要集中在北京

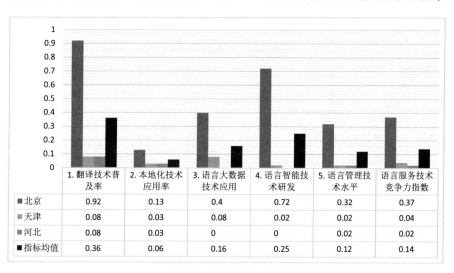

图26　京津冀区域语言服务技术竞争力指数评价与对比

（66家），但天津和河北语言服务技术竞争力整体上都较弱。天津有17家企业，河北有13家企业。北京翻译技术普及率高，机辅翻译和机器翻译服务发达，拥有百度机器翻译为代表的25家平台，天津和河北都比较弱，各只有2家。

北京本地化企业高度集聚，本地化服务水平高于天津和河北，以网站和软件本地化服务为主（崔启亮、张玥，2016），分别占比33%和25%。近年来，北京发布产业政策，加快数字经济和游戏动漫等产业发展，带动本地化服务大幅增长。北京语言大数据技术公司集中，以大型国有企业中译语通科技股份有限公司为代表，天津和河北较少。北京拥有36家语言智能科技企业，生产的语言智能产品包括智能对话系统、智能翻译插件、智能翻译耳机、智能翻译笔、智能机器人、智能视频会议系统、智能语音分辨系统、智能对话分析系统等。京津冀地区的语言管理技术水平最高的是北京，以翻译项目管理系统和公司口笔译流程管理系统最具代表性。

3.2.5 企业竞争力

图27显示，京津冀语言服务企业竞争力处于中等水平，指数为0.34，北京语言服务企业竞争力强（0.54），天津和河北实力相当，均为0.24。北京翻译公司数量从1998年的976家增加到2008年的7817家。截至

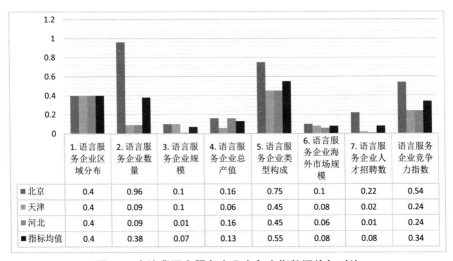

图27 京津冀语言服务企业竞争力指数评价与对比

2019年，北京注册的各类语言服务企业数量达到83651家，北京发布《北京城市总体规划（2016—2035年）》，确立"四个中心"的城市功能定位，极大促进了语言服务企业发展。天津和河北作为京津冀协同发展的重要区域，2019年，天津已拥有语言服务企业6291家，河北6080家。

1979—2019年京津冀语言服务企业工商注册登记数据显示，主营业务含有语言服务的企业规模出现明显的变化。2008年之前，注册登记的多为0~50万元的小微企业；2014年后，注册资本在5000万元以上的中型语言服务企业出现明显增长。语言服务需求增长与2008年北京成功举办奥运会、2013年"一带一路"倡议提出、"十二五"和"十三五"发展规划实施，以及改革开放40年形成的高水平对外开放格局等一系列重大事件有关。京津冀语言服务企业构成类型极不均衡，以个体、民营和股份制为主，国有企业较少。民营企业最多，有1557家，占比超过40%。北京语言服务企业构成与天津、河北企业构成相似，几乎涵盖个体企业、集体所有制企业、有限责任公司、股份有限公司、全民所有制企业、个人独资企业、中外合资企业、外商独资企业、股份合作制企业、国有企业10种企业类型。

2019年，我国语言服务外包市场总产值为372.2亿元，其中海外产值约为11.2亿元，约占3.3%。京津冀语言服务企业市场年产值达79.7亿元，语言服务海外市场年总产值约为26.5亿元。北京语言服务企业的海外市场营收能力最强（0.10），其次为天津，河北最弱。

三大招聘网站数据显示，北京语言服务企业招聘需求旺盛，以2019年为例，招聘人数达1466人，特别是对小语种人才的需求明显增加，远远超过天津及河北地区其他城市，表明语言服务人才需求主要集中在北京，而天津和河北语言服务企业招聘人数均不足200人。

3.2.6 人才竞争力

图28显示，京津冀语言服务人才竞争力指数为0.34，其中，北京语言服务人才竞争力强（0.45），天津和河北较弱，为0.27和0.28，语言服务人才整体水平与北京相比有较大的差距。

（1）京津冀高校外语专业本硕博层次齐全，办学呈现"三多"特点：

一是开办外语本科专业的院校多达 112 所,河北占比 43.8%;北京占比 36.6%;天津占比 19.6%;二是开办翻译硕士(MTI)专业学位点的院校共 49 所,主要集中在北京,占比 61.2%;天津占比 22.4%;河北占比 16.3%,区内发展不平衡;三是拥有外语学科博士点的院校有 12 所,其中 10 所集中在北京,其余 2 所在天津。

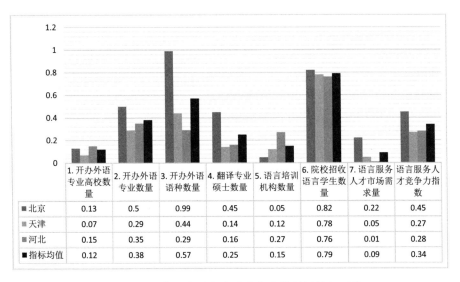

图 28　京津冀语言服务人才竞争力指数评价与对比

(2)京津冀高校开办外语专业数量多达 152 个。其中北京 67 个,占比 44%;河北 47 个,占比 31%;天津 38 个,占比 25%。数据显示,京津冀高校开办外语专业数量指标在 7 项人才竞争力指标平均得分中列第三位。京津冀高校开办的语种在全国遥遥领先,达到 101 种。驻京高校开办外语语种多达 101 种,远超天津和河北高校。天津高校开办 29 种外语语种,占比 28.7%;河北 19 种,占比 18.8%。

(3)京津冀语言培训企业多。2019 年,京津冀语言培训机构达 4360 家,北京最少,为 472 家;天津其次,为 1207 家;最多为河北,共 2681 家,这和河北省 11 个市的大中小学外语培训市场规模大有直接的关系。双减政策出台后,三地的外语类培训机构数量大幅减少。

(4)数据显示,高校招收外语类学生数量指标在人才竞争力 7 项指标中得分最高,表明招收规模大。2019 年数据统计显示,京津冀高校招收外语类学生总数达 15721 人，招生人数在全国领先，从一个侧面反映出该区语言服务人才培养能力较强。两市一省的招生量均超过了 5000 人，其中，北京招生数量位列第一，为 5490 人，天津为 5175 人，河北 5056 人。

（5）京津冀语言服务人才市场需求最大的地区为北京，远超天津和河北，此结果与京津冀语言服务企业招聘量相吻合。北京语言服务人才市场需求主要以 50 人以下和 50~150 人规模的中小企业为主，150~500 人规模的中型企业对语言服务人才需求也较大，主要因为这类企业人才流动性大，而大型语言服务企业人才较为稳定，招聘数量较少。

4. 结论与建议

4.1　研究发现

本研究得到以下发现：

（1）京津冀语言服务综合竞争力指数处于一般水平，北京语言服务综合竞争力较强，6 项指标中有 5 项遥遥领先；河北和天津综合竞争力水平比较接近，有较大提升空间。

（2）北京和河北语言服务产业环境竞争力需要充分释放；北京在收入增长、贸易投资、教育水平和城镇化方面优势明显；河北在固定资产投资、消费品零售、人口环境方面具有优势；天津语言服务产业发展环境需要不断改善。

（3）京津冀语言服务行业竞争力水平处于中等水平，北京语言服务行业竞争力强，产值增长幅度和市场规模大。京津冀语言服务行业需求主要集中在信息技术、装备制造、生物医药等 8 大行业，笔译和口译需求最大，约占 80%。信息服务、技术写作、本地化服务、机器译后编辑、字幕和配音等呈现增长趋势。语言服务报价存在地区、语种和业态的差异。

（4）京津冀语言服务基础设施建设总体水平需要加强，北京语言服务基础设施竞争力强，远远领先天津和河北，翻译服务平台和语言资源库建设成绩显著，企业重视译员资质信息管理。语言科技企业集中在北京，机器翻译研发领先，本地化服务、智能翻译和智能语言技术发展较快，天津和河北短板明显。

（5）京津冀语言服务企业近20年数量猛增到96022家。京津冀语言服务企业构成多元，以中小民营企业最多，大型国有企业少。北京语言服务企业的海外市场能力突出，河北和天津需要加大语言服务出口。

（6）京津冀语言服务人才聚集效应显著，呈现"五多"现象：一是开办外语专业的高校多；二是开办翻译硕士（MTI）专业学位点的院校多；三是开办的语种最多；四是语言培训企业多，双减政策导致培训机构骤减；五是人才市场需求多，企业招聘需求旺盛。

4.2 建议

4.2.1 优化区域语言服务业发展的产业环境

京津冀产业发展环境会影响语言服务业发展，雄安新区建设、北京冬奥会、北京自贸试验区建设、北京证券交易所成立、中国服务贸易交易会等重大项目和事件都有力地推动语言服务业的发展。下一步应当更加充分利用京津冀协同发展战略和相关产业政策，加大京津冀语言服务业这一战略新兴产业发展，以国家扩大服务业开放和促进服务贸易发展的相关政策，加强语言服务出口，优化京津冀特别是天津和河北语言服务发展的政策环境和产业环境。

4.2.2 加强区域语言服务行业协同发展

根据人工智能技术发展和新冠疫情的影响，以及机器翻译和远程口译等新变化和发展趋势，可以北京为龙头带动区域语言服务行业协同发展，加大语言服务产品研发、设计、生产、销售、贸易、技术应用、人员培训等投入，打造完整的语言服务产业链，带动整个行业的良性发展。

4.2.3 完善区域语言服务基础设施建设

制定和完善京津冀语言服务标准和规范，如机器翻译质量标准、应急语言服务标准等，重点建设语言资源库，包括数据库、资产库、语料库、翻译记忆库、术语库、术语知识库等，加强多语种机器翻译服务平台建设，以及语言机器人和人工智能技术在翻译、技术传播、本地化、跨境电商、数字经济等各个领域的应用。

4.2.4 提升区域人工智能语言技术创新能力

京津冀区域内跨国企业众多，随着国际化网站、游戏、移动应用、自媒体等新型翻译业务的激增，语言市场的全球化和商业化进一步刺激语言技术需求，京津冀可重点依托现有云翻译、语联网、敏捷翻译等新型语言服务技术优势，不断优化区域的语言技术发展，开发更为领先的语言智能技术、云技术、大数据技术等，为区域协同发展提供强有力的技术支撑。

4.2.5 增强区域语言服务企业能力

根据京津冀数字产业规划和智能制造重点，区域内中小语言服务企业应尽快从传统服务方式转变为数字技术新方式，特别是发挥机器翻译对企业服务能力带来的积极影响，立足于本地化行业优势，顺应语言服务市场细分化发展趋势，在细分市场或专业领域提高竞争力和服务质量。

4.2.6 转变京津冀高校语言人才培养方式

京津冀高校可充分利用优质和丰富的语言教育资源，优势互补，协同发展，转变人才培养方式，在语言服务人才培养体系、培养模式、学科设置等方面先行先试，起到引领和带动区域协同发展和辐射全国的作用，为京津冀培养和输送更多符合行业发展需要的合格语言服务人才。

参考文献

[1] 崔启亮. 京津冀协同发展语言服务调查报告 [M]. 北京：对外经济贸易大学

出版社, 2020.

[2] 崔启亮, 张玥. 语言服务行业的基本问题研究 [J]. 商务外语研究, 2016(5): 1-8.

[3] 罗慧芳, 蒙永业. 中国语言服务产业研究 [M]. 北京：中国人民大学出版社, 2020.

[4] 任杰, 王立非. 长三角区域语言服务竞争力评价与分析 [J]. 语言文字应用, 2022(2): 77-87.

[5] 王立非, 崔启亮, 蒙永业. 中国企业"走出去"语言服务蓝皮书 [M]. 北京：对外经济贸易大学出版社, 2016.

[6] 王立非, 金钰珏, 栗洁歆. 语言服务竞争力评价指标体系构建与验证研究 [J]. 中国翻译, 2022(2): 116-125.

[7] 王立非. 语言服务产业论 [M]. 北京：外语教学与研究出版社, 2020.

[8] 袁军. 语言服务的概念界定 [J]. 中国翻译, 2014(1): 18-22.

[9] 赵世举. 从服务内容看语言服务的界定和类型 [J]. 北华大学学报, 2012(3): 4-6.

[10] 中国翻译协会编写组. 中国语言服务行业发展报告 [R]. 中国翻译协会, 2016.

Evaluation and Analysis of Beijing-Tianjin-Hebei Regional Competitiveness of Language Services

Wang Lifei   Li Jiexin

(Beijing Language and Culture University)

Abstract: This study adopts a six-dimentional index system to evaluate the language service competitiveness of Beijing-Tianjin-Hebei Region. It is found in the study that: firstly, the region is moderately competitive in language service as a whole; secondly, the regional competitive industrial environment for language services needs to give a full play to the respective advantages of Beijing and Hebei; thirdly, there is an imbalance in the regional industry competitiveness, with Beijing getting the edge in industry value increase rate and market size; fourthly, Beijing is remarkably successful and far ahead of Tianjin and Hebei in language service infrastructure develpoment; fifthly, the language service companies in the region are generally more competitive, with a big concentration in Beijing; sixthly, the region is highly competitive in language service human resources and has significant effects of talent pool. The study has implications for language service development, language service and translation education and research in China.

Keywords: competitiveness evaluation; language service; the coordinated development of Beijing-Tianjin-Hebei Region

语言服务产业价值链分析与启示[①]

崔启亮[②] 雷翰霖[③]

（对外经济贸易大学）

【摘 要】随着经济全球化程度不断加深，语言服务产业快速发展，形成了语言服务产业生态链和价值链。本文从语言服务产业价值链角度，深入分析语言服务生命周期，探究不同产业主体所传递的价值。研究发现语言服务产业不同主体的分工与合作构成产业价值链，体现各类应用价值和社会价值。为促进语言服务产业发展，应完善规划产业链，整合产业价值链，加强建设供应链，加快培养人才链，有效应用技术链。

【关键词】语言服务产业；产业价值链；项目管理；语言服务价值

引言

作为新型现代服务业态的语言服务产业（也称为"语言服务行业"）近年来飞速成长。据中国翻译协会（2022：8）统计，2021年中国语言

[①] 本文系教育部2018年度人文社会科学研究规划基金一般项目"京津冀协同发展的语言服务基础设施需求与设计研究"（项目编号：18YJA740009）的阶段性研究成果；2019年度对外经济贸易大学培育项目"京津冀协同发展中的语言服务研究"（项目编号：19PY60）的阶段性研究成果。

[②] 崔启亮，对外经济贸易大学英语学院副教授，研究方向为本地化、计算机辅助翻译、语言服务。

[③] 雷翰霖，对外经济贸易大学英语学院2021级硕士研究生，研究方向为英语笔译。

服务总产值为554.48亿元，较2019年增长11.1%。2021年美国CSA公司①对全球语言服务企业的取样调查显示，受疫情影响，2020年全球语言服务与技术市场产值达484.0亿美元，较2019年出现小幅下降。

经过几十年的发展，语言服务产业链逐渐明晰，语言服务产业价值链日益凸显。市场对语言服务的要求日趋复杂，标准化工作流程成为主流，语言服务企业集中化、行业资本化、语言服务产业化已经成为趋势（王明新、崔启亮、王志涛，2013）。尽管语言服务领域的研究快速增长（李琳、王立非，2019），但是从产业链和价值链视角开展的研究较少。本文从产业价值链的角度分析语言服务产业，以期对语言服务产业研究提供参考。

1. 产业内涵及价值链定义

根据《文化及相关产业分类2012》②，一个行业（或产业）是指从事相同性质经济活动所有单位的集合。"行业"与"产业"在英语中都称为"industry"。"产业"一词更强调其经营性或经营规模。翻译服务是语言服务的核心和基础，使用"语言服务产业"一词更能体现语言服务的特征和经营规模。因此，本文使用"语言服务产业"的表述，阐述语言服务产业的概念和构成，分析产业价值链，并提出语言服务产业发展的启示与建议。

1.1 语言服务产业内涵

国内外对于"语言服务产业"或"语言服务行业"并未有明确的界

---

① CSA Research（前身为Common Sense Advisory）是一家国际知名的语言服务咨询公司，同时也是国际知名语言服务研究机构，提供独立、客观和全面的市场研究，专注于全球内容和语言服务市场。
② 2004年国家统计局依据《国民经济行业分类》（GB/T4754—2002），制定了《文化及相关产业分类》，并作为国家统计标准颁布实施。《文化及相关产业分类（2012）》调整了类别结构，增加了与文化生产活动相关的创意、新业态、软件设计服务等内容。

定。中国翻译协会（2017：16）发布的《2016中国语言服务行业发展报告》中提出，语言服务行业是以促进跨语言、跨文化交流为目标，提供语言信息转化服务和产品以及相关研究咨询、技术研发、工具应用、资产管理、教育培训等专业化服务的现代服务业。王立非（2020）指出，语言服务产业是以跨语言能力为核心，以信息转化、知识转移、文化传播、语言提高为目标，为高新科技、国际经贸、涉外法律、国际传播、政府事务、外语培训等领域提供语言翻译、技术研发、工具应用、资产管理、营销贸易、投资并购、研究咨询、培训考试等专业化服务的现代服务业。

1.2 产业价值链定义

1985年哈佛大学商学院教授迈克尔·波特（Michael Porter）在《竞争优势》（*Competitive Advantage*）一书中提出了价值链的思想。波特认为，相较于将企业作为一个整体，将企业分解为由一系列价值活动构成的价值链更能突出企业的竞争优势。然而，将企业看成价值活动的集合很容易失去战略方向。因此，波特不仅强调价值链的内部联系，而且也重视价值链的纵向联系，即将战略视野扩展至供应商、企业、渠道和客户组成的价值系统（吴海平、宣国良，2003）。

当价值链理论的分析对象由一个特定的企业转向整个产业时，就形成了产业价值链。产业价值链是各个产业部门之间基于一定的技术经济关联，依据特定的逻辑关系和时空布局关系形成的链条式关系形态。产业价值链不只关注单个企业的内部价值创造环节，还聚焦于产业内上中下游企业价值链的整合（杜莉，2021）。

2. 产业价值链分析

司显柱、姚亚芝（2014）利用产业组织经典理论SCP研究范式研究了我国翻译产业的市场状况，提出了翻译产业良性增长的建议，丰富了我国翻译产业经济学的研究体系。

产业经济学也称作产业组织学，具体内容包括产业组织、产业联系、产业结构、产业布局、产业发展和产业政策研究等，旨在为国家经济发展战略制定提供理论支撑（司显柱、姚亚芝，2014）。产业链是产业经济学中的一个概念，描述各个产业部门之间基于技术经济关联和特定逻辑关系形成的一种链网状产业组织形态（王立非，2020）。产业链包含价值链、企业链、供需链和空间链四个维度的概念（杜莉，2021）。产业价值链理论主要阐述了产业链的价值增值过程（杜莉，2021）。王明新、崔启亮、王志涛（2013）从生态学的视角，分析了语言服务产业链的构成及各角色间的关系，提出了语言服务产业链以客户为中心的观点。但是，国内外依然缺乏价值链视角下语言服务产业的整体分析。研究语言服务产业价值链有利于为语言服务产业链研究提供新角度，拓展应用翻译研究体系，促进语言服务研究与语言服务实践相融合。

2.1 语言服务产业链构成

依据语言服务产业的定义，语言服务产业链的主体可以概括为语言服务提供方（如本地化公司、翻译公司、语言服务咨询公司等）、语言服务购买方（跨国公司等）、语言服务技术开发、语言服务人才培养方（大学与培训公司）、语言服务行业组织方（行业协会、相关研究机构等）。这些主体协同发展，形成了需求、供应、服务、支持的利益共同体（王明新、崔启亮、王志涛，2013：60），构成了语言服务产业链，如图1所示。

语言服务购买方将语言服务项目外包给语言服务提供方（如本地化公司），本地化公司将翻译等工作外包给翻译公司，翻译公司利用语言技术开发公司的翻译软件与工具，组织专业译员完成翻译。语言服务行业协会为语言服务相关企业提供信息服务。公司和大学帮助语言服务行业协会进行行业规划，提供建设性意见。大学与培训公司为相关企业输送专业人才，行业研究与咨询公司为相关企业提供信息咨询服务（王明新、崔启亮、王志涛，2013：60）。如图 29 所示，图中各主体之间的箭头只是表明相互联系，并无先后顺序。

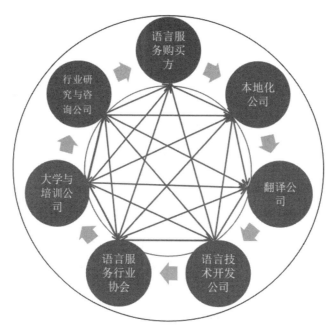

图 29　语言服务产业链的构成

（来源：王明新、崔启亮、王志涛，2013: 59）

产业链包含了产业上下游之间从原料供给到用户消费的完整过程（王立非，2020）。产业链向上游延伸进入基础产业、产品和技术研发环节，向下游进入市场拓展和消费环节。在语言服务产业中，拥有研发能力，需要将产品和技术通过语言服务实现全球营销的跨国公司或部门称为上游企业，它们是产品和服务的创造者和拥有者，具有语言服务的选择权并主导议价权。提供语言服务技术以及本地化、口笔译等语言服务的企业可以视作中游企业，协助上游企业完成上游材料的加工和转换，协助上游将产品或服务通过语言服务投向市场。中游具有一定的选择权和议价能力，但通常对处理的产品没有知识产权。而代理销售、购买本地化产品和服务的各级销售公司、消费机构和终端用户称为下游企业，它们选择和购买经过语言服务处理的产品和服务。通常下游具有选择权，但是议价能力较低。产业链各个环节通过不同类型的增值，满足上下游的价值需求。企业需要将产业链与价值链结合，利用上、下游企业价值链来降低企业活动成本，取得长期竞争优势。

2.2 语言服务产业价值链构成

当前国际贸易、国际工程、国际化开发和本地化等大型项目涉及多个国家、多个企业、多个语种、多种类型，项目操作复杂。定制化和注重团队协作的项目管理成为当今语言服务行业的主要运作方式，借助统一的信息管理系统，实时共享语言资产，提高项目整体效率（王华树、冷冰冰、崔启亮，2013）。按照现代项目管理的流程管理框架，语言服务项目需要经过启动、计划、实施和交付阶段（王华树、冷冰冰、崔启亮，2013），涉及确定需求、创作源文档、翻译、编辑、校对、审核、交付等多个环节。不同阶段可能涉及多个部门和团队的协作。以本地化语言服务为例，本地化项目团队需要协调跨国公司、本地化公司与翻译公司，保障分工合作有序进行。

语言服务产业价值链描述了语言服务产业链的价值增值过程，如图30所示。语言服务产业价值链遵循语言服务项目"启动→计划→实施→交付"的内在逻辑链条，其中各环节可以分解为不同的价值增值活动。在本地化启动阶段，本地化公司进行项目分析，提出解决方案，形成项目报价，制订项目进度表（崔启亮，2017：107）。项目计划阶段需要组建团队，完善项目计划书，交付翻译风格指南和项目最终方案（崔启亮，2017：109）。实施阶段需要进行翻译与校对、排版、利用本地化工程解决项目中的各种技术问题，并进行本地化测试；度量项目规模、项目成本、项目进度等各项指标，就项目执行情况与客户及时交流，监控项目各环节执行状况，交付进度报告。交付阶段需要进行文档备份，在该阶段客户验收项目（崔启亮，2017：113-114），项目经理分析总结项目执行状况。在本地化项目执行过程中，多语言服务提供方（如本地化公司）服务具有全球语言战略布局的语言服务购买方时，可能会将较为小众的语种需求服务外包给单语言服务提供方（如部分翻译公司）。语言服人才培养方、语言服务行业组织方及语言服务技术开发方也为语言服务注入了不同价值。

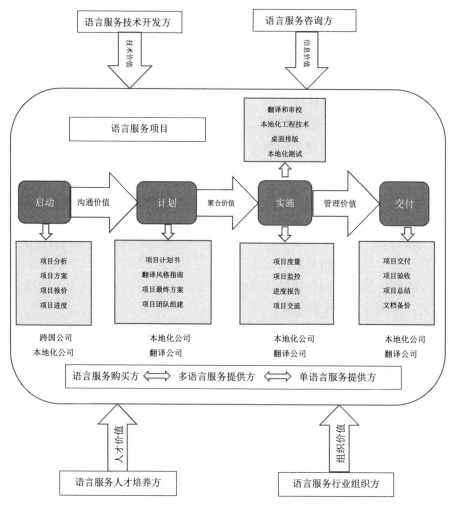

图30　语言服务产业价值链构成

2.3　基于语言服务项目的价值链分析

语言服务助力客户拓展目标市场，推动产品的国际化进程，彰显了语言服务的应用价值。随着经济全球化不断推进，语言服务企业所提供服务覆盖各行各业，涉及 IT、计算机、网络行业、传媒、金融、证券、投资等领域（王立非，2020）。语言服务产业对现代服务业贡献度上升，体现其应用价值和社会价值。下面以图 30 的语言服务价值链为例，详细研究语言服务各方在生命周期中的价值传递和增值过程。

2.3.1 应用价值

应用价值也可以称为使用价值，是指满足人们某种需要的属性。使用价值是由具体劳动创造的，是价值的物质基础。语言服务通过各环节的价值增值活动来满足客户需求，项目交付后客户获取了语言服务的使用价值。而语言服务从产生需求到最终交付的一系列活动可以视作其应用价值的创造过程。

（1）管理价值

以本地化语言服务为例，本地化项目具有较为复杂的流程，如图 31 所示。其中本地化项目启动、计划、实施和交付的四个阶段中，每个阶段都需要良好的流程设计以及实施步骤，进行项目监控，以确保计划和现实状况相协调（崔启亮，2017：107）。项目管理价值体现在聚合项目资源、组建项目团队，制订项目计划并实施，应用语言服务技术提高效率，通过进度管理和质量管理，确保项目按期完成，并符合交付要求。

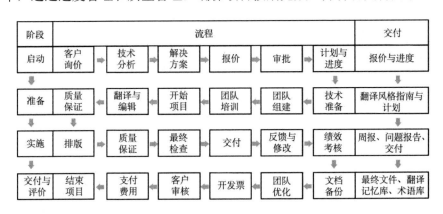

图 31　本地化项目生命周期

(来源：崔启亮，2017）

在本地化启动阶段，本地化公司深入分析购买方需求，对本地化项目进行技术评估，提出解决方案与项目报价，制订项目计划以及进度表（崔启亮，2017：107）。启动阶段主要体现了语言服务的沟通价值，在充分理解客户需求的基础上，创建规范的流程和标准可供遵循，保证项目的顺利进行。

在项目计划阶段，项目经理需要估算工作量，申请项目预算，安排资源，组建团队，确定进度，分析风险，完善项目实施计划（崔启亮，2017：109）。这一阶段的工作价值在于其决策价值，明确项目时间、范围、成本及质量等要求，将实际的生产计划准确传达给客户，以便及时协商解决问题。而计划阶段通常使用的翻译管理系统或全球信息管理系统对项目的相关信息统一管理，更加透明与高效，体现出资源聚合价值。

实施阶段需要按照项目计划，利用本地化工程技术分批进行文件抽取与工作量统计、文件格式转换与标记、翻译与审校、桌面排版、生成本地化产品、本地化测试、修正产品本地化缺陷等；根据客户审核后的反馈对本地化文件进行修改。这一阶段需要依据项目实际执行状况，调整项目计划和预算等内容（崔启亮，2017：111），交付每周问题报告与进度报告。这一阶段体现出语言服务的管理价值，保证项目按照流程、质量、进度和成本要求执行。

项目交付阶段需要进行项目文档汇总和备份、团队优化和培训、为客户开项目发票、客户验收项目并支付费用等，本地化项目结束。项目经理在项目交付后需要核实利润率和结款率是否达到了计划要求，项目是否满足客户质量要求（崔启亮，2017：113-114）。这一阶段主要体现了评估价值，分析项目各个环节的工作，明确成绩与问题，为后续项目提供参考。而项目交付阶段生成的语料库和术语库将成为语言服务企业的核心资产，在不断积累和复用中发挥重要的语言价值（何恩培、闫栗丽，2019：131-132）。

（2）技术价值

在语言服务项目中，语言服务技术开发方提供技术价值。近年来，计算机辅助翻译技术的进步提高了语言服务项目的交付效率，优化了质量保证流程。计算机辅助翻译（CAT）工具能够取代大量的人工重复劳动,提升工作效率,从而增加企业收入。2009年CSA的调查显示,利用计算机辅助翻译技术,翻译效率比人工翻译提高了2倍,成本降低了45%(CSA,2015)。企业可以利用CAT技术在很大程度上实现翻译质量检查的自动化(王立非,2020)。利用Trados QA Checker、QA Distiller等自动化校对工具,可在很短时间内完成大型项目的自动化检查,如拼写、语法、数字、单位、日期、缩略语、标签以及多种格式检查等。配合使用文本处理技术、翻译管理系统以及内容管理系统等工具,企业项目处理与质量控制能力将进一步增强。随着神经机器翻译技术的进步,神经机器翻译技术与译后编辑技术相结合,显著提高了语言服务的翻译效率和质量。越来越多的语言服务公司研发自己的翻译技术和工具,以技术赋能语言服务,体现了技术价值。

(3)咨询价值

语言服务研究机构和咨询公司通过行业调研,发布行业报告,提供咨询方案,创造了信息和咨询价值。CSA这样的语言服务咨询公司通过行业调查,分析市场状况,预测行业发展趋势,为语言服务相关企业提供参考。同时CSA、Slator、Nimdzi等语言服务咨询公司为语言服务购买方提供语言服务供应商的权威信息,以及不同目标国家的市场准入、法律、宗教、标准、资源等多语言咨询服务(崔启亮,2019),降低企业相关产品在全球化或本地化过程中的风险。部分语言服务供应商和独立软件供应商也会提供各种专业化咨询服务,比如工作流程管理、监管服务、知识库工作、有关机器学习的数据收集等(CSA, 2021)。

(4)组织及服务价值

语言服务产业组织方促进了业内不同企业之间的交流,推动产业走向标准化和规范化,发挥了组织及服务价值。Kovalchuk(2010)认为标准是翻译质量控制的有效方法,Görög(2014)指出,业务均遵循现行质量标准的公司就是提供顶级翻译的公司。当前国内语言服务界逐渐重视行业规范化发展和标准化建设。中国翻译协会[①]通过标准认证和语言服务认证(何恩培、闫栗丽,2019:131-132),保障消费者权益,维

[①] 中国翻译协会成立于1982年,是由与翻译工作相关的国家机关、企事业单位、社会团体及个人自愿结成的学术性、行业性非营利组织,是翻译领域唯一的全国性社会团体。

护公平竞争的市场环境。在中国翻译协会主导下，已制定出 19 部国家标准、团体标准和行业规范，涉及领域包括行业术语、报价、供应商选择、质量评估、服务要求、口笔译人员基本能力要求等（中国翻译协会，2020）。中国翻译协会自成立以来，经常举办翻译学术和行业交流活动，积极开展翻译人才培训、翻译咨询服务和与翻译工作相关的社会公益活动（中国翻译协会，2020），引导行业良性发展。

2.3.2 社会价值

社会价值是个人及社会组织通过自身的自我实践活动发现、创造社会或他人物质或精神的发展规律及内在矛盾的贡献。语言服务是国家语言能力的重要组成部分，在推动企业国际化、促进跨语言及跨文明交流、促进国家经济发展等方面发挥着重要作用（崔启亮，2019）。

（1）推动中国外交话语体系构建

近年来，我国政府努力推进中国外交话语的对外传播，以促进新型大国外交关系。政治外交话语翻译是我国对外话语体系建设的重要一环。杨明星、张琰（2020）指出，外交文本的翻译质量、翻译政策、翻译制度等问题与译文的"政治等效性"有关，从而影响我国政治语境和政治思想的有效传达。胡开宝、张晨夏（2021）指出，加强外交话语翻译实践及其研究有利于促进国际平等对话，卓有成效地向国际社会传播当代中国外交核心价值观和外交思想等。由此可见，语言服务有利于融通中外，促进中国国际形象塑造，提升我国的国际话语权。

（2）促进中国经济文化对外传播

CSA 于 2021 年发布的行业调查报告显示，截至 2019 年 8 月底，已有 136 个国家和 30 个国际组织与中国签署了 195 份共建"一带一路"合作文件，84.7% 的语言服务需求方受访企业过去两年在"一带一路"沿线国家有投资或贸易往来。中国企业在通过"一带一路"实施走出去战略的过程中，语言服务提供方助力企业克服跨语言和跨文化障碍，整合语言信息资源，提供战略咨询，帮助企业拓展海外市场（崔启亮、张玥，2016：5）。在跨国公司战略决策制定过程中，翻译促进不同部门"共同语言"的构成，有利于信息互换，化解误解冲突（Logemann & Piekkari,

2015)。而通过中华经典作品外译、网文出海等项目，中国能够向海外展示自己既源远流长又与时俱进的文化风貌。可以说语言服务企业是传播中国科技、商业、理念、文化的重要推手，语言服务推动一国经济文化走向世界。

（3）助力社会抗疫和脱贫攻坚

在新冠肺炎疫情期间，语言服务行业从业人士纷纷提供应急语言服务。有55.5%的语言服务提供方受访企业和39.9%的语言服务从业者选择了"线上抗疫口笔译服务"这一主要形式，其中包括"与疫情相关的培训服务""海外捐赠物资的语言服务""外籍人士咨询服务"等参与方式（中国翻译协会，2020）。语言服务为全面脱贫攻坚与全面建成小康社会贡献了力量。在"语言教育+"的理念引领下，语言教育与基础教育、职业教育、民族文化教育及现代信息技术相融合，促进知识扶贫、科技扶贫。推动建立语言服务长效机制，助力脱贫攻坚"大决战"（中国翻译协会，2020）。

（4）培养和输送专业人才

就语言服务人才培养方来看，翻译人才队伍建设备受重视（中国翻译协会，2020）。目前全国设立MTI专业的院校达316所；设立有BTI专业的院校有301所；涵盖的语种类型广泛，招生人数增长迅猛。产学研紧密结合，促进了外语学科的转型升级与研究成果的转化，例如建立实习基地、聘请校外导师、将企业译后编辑模式与项目管理引入课堂教学、开发应用翻译教学系统和平台等（崔启亮、张玥，2016）。语言服务人才培养方跟随语言服务行业发展步伐，为法律服务、生命科学、工程能源等领域培养和输送了专业化、复合型、应用型的语言服务人才，响应我国经济和文化未来发展需要。

3. 语言服务产业价值链启示

基于语言服务产业价值链和行业实践，语言服务产业各主体可以从产业链、价值链、供应链、人才链、技术链的角度来实现语言服务价值增值，助力语言服务产业繁荣发展。

3.1 完善规划产业链

语言服务产业组织方应该在产业价值链中体现管理和服务价值，促进行业健康发展，推动国家话语能力建设。行业组织方应进一步加强标准化建设。敦促企业参与行业标准制定，呼吁高校翻译专业将行业标准与规范引入课堂教学，与行业需求接轨（何恩培、闫栗丽，2019）。应重视语言服务基础设施建设，协助建立国家语言资产库，整合国内当前出版、发布及报备的语言资产，例如书籍期刊、法律法规、双语文件等（王立非，2020）。应完善应急语言服务标准，制定不同应急语言服务的运行机制要求（王立非，2020）。同时助力"一带一路"语言服务标准化，从行业准入、服务定价、企业认证、从业资格等方面协助制定国家标准。

3.2 整合产业价值链

CSA（2021）指出，除传统的口笔译和本地化服务外，许多语言服务供应商还提供从生产原始内容到人员分配方案再到咨询等一站式服务。我国企业在走出去的过程中，会面临国际市场准入、文化障碍、用户偏好等挑战。我国语言服务供应商可以进一步整合行业上下游价值链，向上延伸至内容创建，向下拓展至市场研究从而支持全渠道交付（CSA，2021）。扩展和增强产业价值链是产业升级的结果。语言服务提供方可以提供专业化的咨询服务，涵盖工作流程管理、内容管理、行业数据收集和研究等；也可以提供营销服务，例如市场准入和品牌发展相关服务、全球活动管理等；抑或对客户进行语言和文化培训。

3.3 加强建设供应链

语言服务产业供应链是指将语言服务或产品提供给最终用户的上下

游企业所形成的链条结构，涉及语言服务需求方、各类语言服务供应商与最终客户。许多跨国公司需要与本地化公司等语言服务供应商进行合作，本地化公司在无法满足特定语言信息转换需求时，也会将部分任务外包给多语言服务提供方，多语言服务提供方外包给单语言服务提供方（崔启亮，2017：116）。产业健康发展需要良好的供应链管理，供应商管理是供应链管理的组成部分。对于语言服务购买方而言，做好供应商管理有利于整合上游价值链，降低企业活动成本，增加企业竞争优势。崔启亮、安珊珊（2015）总结了本地化供应商的选择与管理策略，为语言服务供应链建设提供了参考。

3.4 加快培养人才链

人才链是语言服务产业所需人才从需求到供应的链条，包括企事业单位对人才的需求，高校和培训机构对企业的人才供给。2021年8月20日，教育部批准"国际语言服务"依托外国语言文学一级学科成为自主增设的二级学科。国际语言服务二级学科的设立表明，传统的外国语言文学一级学科及其对应的二级学科方向（翻译学、外国语言学及应用语言学等）已经无法涵盖语言服务的行业实践。语言服务行业人才培养方应拓展语言服务学科特色方向，以面向语言服务行业需求培养人才（王立非，2020）。

3.5 有效应用技术链

语言服务技术链是各类语言服务技术形成的链条，包括从需求、产品研发、到产业应用的各个环节。语言服务各个环节都涉及语言技术应用，如技术写作、翻译记忆技术、术语管理技术、机器翻译技术、本地化技术、项目管理技术等（王华树、刘世界，2022）。人工智能驱动的技术革新推动了语言服务产业的变革。基于云计算的翻译管理平台将资源平台和云语言服务产业链整合，极大地提高了语言服务项目的交付效率（韦忠和，2012）。国家主管部门需要更加重视人工智能、大数据等技术在语言服务行业的应用研究，如加强语言服务行业术语库、语料库、企业案例库与人工智能的融合（何恩培、闫栗丽，2019）。语言技术开发公司应该把握行业动向，开发更多形式的翻译工具，打破技术壁垒，整合语言服务产业价值链不同环节的技术，努力满足个人翻译、团队翻译和语言服务供应商的更多需求。

4. 结语

语言服务产业价值链主要由语言服务提供方、语言服务购买方、语言服务技术开发方、语言服务人才培养方和语言服务行业组织方构成。语言服务项目管理已经成为产业业务实施的主要方式，从需求分析到项目交付涉及不同的行业主体，项目管理过程是语言服务应用价值和社会价值不断增值的过程。面对百年未有之大变局，中国企业全球化业务蓬勃发展，语言服务需求激增，应加强语言服务产业链、价值链、供应链、人才链和技术链的深入研究，促进语言服务产业发展，彰显语言服务的专业价值。

参考文献

[1] CSA Research. State of Market: 2019[EB/OL]. (2021) [2022-02-14] http://www.csa-research.com.

[2] CSA Research. The Language Sector in Eight Charts[EB/OL]. (2021) [2022-02-13] https://insights.csa-research.com/reportaction/305013239/Toc.

[3] CSA. The Language Services Market: 2015[R]. Common Sense Advisory, 2015.

[4] Görög, A. Evaluating quality in translation[J]. *MultiLingual*, 2014(1): 22-26.

[5] Kovalchuk, E. A. Translation quality control: A search for effective methods, standards and parameters [J]. *Bulletin*, 2010(2): 81-85.

[6] Logemann, M., & Piekkari, R. Localize or local lies? The power of language and translation in the multinational corporation[J]. *Critical Perspectives on International Business*, 2015(1): 30-53.

[7] 崔启亮. 中国语言服务行业 40 年回顾与展望（1979—2019）[J]. 译苑新谭，2019(2): 108-114.

[8] 崔启亮. 本地化项目管理 [M]. 北京：对外经济贸易大学出版社，2017.

[9] 崔启亮，安姗姗. 本地化服务供应商的选择与管理策略 [J]. 东方翻译，2015(6): 15-18+36.

[10] 崔启亮，张玥. 语言服务行业的基本问题研究 [J]. 商务外语研究，2016(1): 1-8.

[11] 杜莉. 旅游行业价值链创新——以机票盲盒为例 [J]. 商业经济，2021(11): 126-128.

[12] 何恩培，闫栗丽. 改革开放 40 年语言服务行业发展与展望 [J]. 中国翻译，2019(1): 130-135.

[13] 胡开宝，张晨夏. 中国当代外交话语核心概念对外传播的现状、问题与策略 [J]. 浙江大学学报（人文社会科学版），2021(5): 99-109.

[14] 李琳，王立非. 基于计量可视化的我国语言服务研究十年现状分析（2008—2017）[J]. 山东外语教学，2019(5): 12-21.

[15] 司显柱，姚亚芝. 中国翻译产业研究：产业经济学视角 [J]. 中国翻译，2014(5): 67-71+128.

[16] 王华树，刘世界. 国内外翻译技术研究述评（2000—2021）[J]. 外语电化教学，2022(1): 81-88.

[17] 王华树，冷冰冰，崔启亮. 信息化时代应用翻译研究体系的再研究 [J]. 上海翻译，2013(1): 7-13.

[18] 王明新，崔启亮，王志涛. 翻译生态学视角下的语言服务产业链 [J]. 中国科技翻译，2013(4): 58-60.

[19] 王立非. 语言服务产业论 [M]. 北京：外语教学与研究出版社，2020.

[20] 吴海平，宣国良. 价值链系统构造及其管理演进 [J]. 外国经济与管理，2003(3): 19-23.

[21] 韦忠和. 2012 年及未来几年语言服务行业的发展趋势 [J]. 中国翻译，2012(3):

71-74.

[22] 杨明星, 张琰. 中英外交翻译中"政治等效"与话语平等辩证关系分析——从马戛尔尼使华到共建"一带一路"(1792—2019)[J]. 上海翻译, 2020(5): 24-29+94.

[23] 中国翻译协会. 2016 中国语言服务行业发展报告[M]. 北京:外文出版社, 2017.

[24] 中国翻译协会. 2020 中国语言服务行业发展报告[R]. 中国翻译协会, 2020.

[25] 中国翻译协会. 2022 中国翻译及语言服务行业发展报告[R]. 中国翻译协会, 2022.

Analysis of the Value Chain of Language Service Industry

Cui Qiliang   Lei Hanlin

(University of International Business and Economics)

Abstract: As economic globalization accelerates, the language service industry has developed rapidly, forming an ecological chain and a value chain. From the perspective of the industrial value chain, this paper analyzes the life cycle of language service, and explores its value transmitted by different participants. It is found that the cooperation of these entities constitutes the industrial value chain, which reflects the practical value and social value of language service. In order to shape the industry, we should improve its ecological chain, integrate its value chain, and strengthen its supply chain, talent chain and technology chain.

Keywords: language service industry; industrial value chain; project management; language service value